Kleinhanns – Hauser
Das Innviertel

Dank

– an Dr. Ursula Kammesberger (Neues Volksblatt) und Walter Höfer
(OÖ. Nachrichten)
– an Dr. Günther Rombold für die Veröffentlichungsrechte seines Aufsatzes
„Alfred Kubin und das Innviertel", entnommen aus „Christliche Kunstblätter",
Ausgabe 1/1964.

Kleinhanns · Hauser

DAS INNVIERTEL

J&V

Bildnachweis:

Bis auf 3 Luftaufnahmen stammen sämtliche Farbbilder aus dem Archiv Eduard Wiesner, Wernstein.

Die 3 Luftaufnahmen auf den Seiten 18, 105 und 109 wurden von Dipl. Ing. H. Jäger, Frankenmarkt, zur Verfügung gestellt.

Die Schwarz-weiß-Fotos stammen vom Bundesdenkmalamt und aus dem Archiv Kleinhanns. Die Illustrationen wurden von Mag. Arch. Ingomar Engel, Braunau, angefertigt.

Das Umschlagbild stammt von Eduard Wiesner, Wernstein, und zeigt den Inn mit der Stadt Schärding und dem Schloß Neuhaus, das auf bayerischer Seite liegt.

ISBN 3-224-17656-3 Jugend und Volk Wien

Umschlaggestaltung: Konstantin Groth, Linz
Satz: Denkmayr, Linz
Druck. Denkmayr, Linz
Bindung: Almesberger, Salzburg

Inhalt

Einladung ins Innviertel

Dieses Buch stellt eine Einladung an den Leser dar, ein besonders schönes Gebiet Österreichs kennenzulernen – den westlichen Teil des Bundeslandes Oberösterreich, eine der reizvollsten Kunst- und Kulturlandschaften Mitteleuropas: das Innviertel.

„Innviertel" heißt es, seitdem diese Landschaft nach ihrem Anschluß an das einstige Kronland „Österreich ob der Enns" ein eigenes Viertel des neugebildeten Landes repräsentierte.

„Innviertel", benannt auch nach der natürlichen Lebensader dieses Raumes, dem Inn, wie dies auch bei den älteren Landesteilen Mühlviertel und Traunviertel üblich gewesen war.

„Innviertel" vielleicht auch als politische Erfolgsmeldung. Der Inn als „glücklich" erreichtes Etappenziel österreichischer Politik, die von Anfang an (seit 1156) auf die Herauslösung weiterer Lehensherrschaften, Landgerichte und Grafschaften aus dem Bayerischen Herzogtum gerichtet war.

1156 verließ Österreich als eigenes Herzogtum den bayerischen Landtag, 1190 gewann es die zehn Jahre zuvor noch bayerische Steiermark samt dem Traungau dazu, 1335 gingen Kärnten, Krain und die Windische Mark – bereits 947 von Bayern abgetrennt – auf die Habsburger über.

1253 forderte ein österreichischer Herzog erstmals Schärding, Neuburg am Inn und Ried von Bayern, 1357–1369 wurde erstmals die Inngrenze gegenüber den Bayern verteidigt. 1363 fiel Tirol an die Herzöge von Österreich und Steiermark, und 1380–1383 zwangen sie die freie Grafschaft Julbach-Schaunberg, von der Donau bis zum Attersee der östliche Nachbar Bayerns, unter ihr Regiment. Der Hausruck war erreicht!

1504 war das Unterinntal mit Rattenberg, Kitzbühel und Kufstein von Bayern weggenommen und zur innerösterreichischen Grafschaft Tirol geschlagen worden; 1779 gelang den

Österreichern dann anstelle von ganz Bayern, auf das sie sich nach dem Aussterben der bayerischen Wittelsbacher nicht unberechtigte Hoffnungen machen konnten, zumindest die Aneignung des ostbairischen Innviertels. Der Inn war erreicht! Nach den Kriegswirren der Franzosenzeit konnte die Inngrenze nochmals endgültig festgeschrieben werden. Seitdem hat sich das Innviertel gut in das Land Oberösterreich und damit auch in das österreichische Staatswesen eingefügt. Es hat auch zur Selbstbehauptung der deutschsprachigen Bevölkerung innerhalb des bis 1918 von vierzehn Nationen bevölkerten Österreich-Ungarn beigetragen und auch im 20. Jahrhundert brav und treu die österreichischen Schicksale mitgetragen. Ganz sicher hat es nicht zuletzt – als eine Art Gegenpol zur Großstadt Wien – zum kulturellen Gleichgewicht in der von der Politik 1918/19 etwas willkürlich zusammengestutzten Alpenrepublik beigetragen.

Dieses Land, ruhig und gesund im Gleichklang bäuerlichen Jahreslaufs durch Jahrhunderte aufgebaut, von Kaufleuten und Bürgern ausgebaut und von eigenwilligen Künstlerpersönlichkeiten in allen Jahrhunderten ausgestaltet, ist von den sich überstürzenden Entwicklungen im Europa der letzten zweihundert Jahre weniger betroffen worden als andere Regionen rundherum. Nicht zuletzt auch dadurch ist das Innviertel heute ein weniger bekanntes Kleinod im Kranz der kleinräumigen Kulturlandschaften Mitteleuropas.

Die Autoren sind sich selbstverständlich im klaren darüber, daß bei der reichen Vielfalt einer derartigen Kulturlandschaft im gegebenen Rahmen nur ein kleiner Ausschnitt von Fakten, Eindrücken und Stimmungen berücksichtigt werden kann.

Ist eine räumliche Begrenzung möglich?

Das „Innviertel" ist ein historischer und politischer Begriff, erfunden erst von der österreichischen Verwaltung am 31. Mai 1779.

Das Innviertel ist weder von seiner Landschaft noch von seiner Bevölkerung her ein leicht abzusteckendes Gebiet. Es hat mit seiner Ausdehnung auf den Einzugsbereich der rechtsseitigen Nebenflüsse des unteren Inn Anteil an den beiden charakteristischen Landschaften Ostbaierns: am granitenen Mittelgebirge des auslaufenden Böhmerwaldes und an dem weiten, offenen Hügelland im Vorfeld der Alpen.

Ist das Waldland im Norden von Kargheit geprägt, so erscheinen die breiten Täler und flachen Hügel im Süden fruchtbar und üppig, heranreichend bis an die bewaldeten Schotterterrassen der eiszeitlichen Alpengletscher.

Die blaue Kette der nördlichen Kalkalpen, scharf und spitz in den Föhn gezeichnet, liegt schon außerhalb des Innviertels, ein immerwährendes, leichtes Fernweh auslösend.

Das von Inn und Donau zusammen dem Böhmerwald abgerungene Waldland nennt sich nach seinem früheren Eigentümer Passau richtig grimmig: der Sauwald. Ihm entspricht auf dem linken Innufer, dem bayerischen, der einst österreichische Neuburger Wald – so verflochten sind die Wechselbeziehungen an dieser Grenzlinie.

Ganz im Süden, im Oberen Innviertel, säumen der Weilharter Forst und der Kobernaußerwald die reichen bäuerlichen Fluren des Landes ein.

Zwischen diesen Waldgebieten liegen die beiden breiten Flußtäler der Mattig und der Pram, denen gegenüberliegend das obere Inntal, von Tirol und Oberbayern kommend, und das Rottal entsprechen.

Der naturräumlichen Gliederung Niederbayerns folgte die dem bairischen Stammesherzogtum auferlegte fränkische Gaueinteilung; im Innviertel waren dies der Mattiggau und der östliche Teil des Rottgaues.

Die bestimmenden Lebensadern dieses Landes bildeten durch Jahrhunderte die beiden Flüsse Salzach und Inn und im Norden die Donau. Auf ihnen wurden vor allem das lebenswichtige Salz, aber auch wertvolles Baumaterial wie Holz, Tuffstein und bunter, salzburgischer „Marmor" gehandelt; so mancher Sohn des Landes lebte davon oder wurde vom Handel ins Land gebracht oder in die Welt hinaus gezogen.

So stellt das Innviertel keine abgeschlossene landschaftliche Einheit dar, sondern eine offene, zwischen anderen charakteristisch geformten Gebieten und Menschen vermittelnde Region. Selbst dem Kernland Altbayern zugehörig, war und ist es nach Osten orientiert, vom Inneren Böhmens über die Donaulande bis Ungarn und bis zu den Pässen der Ostalpen und darüber hinweg. In dieser Funktion war es tatsächlich unbedeutend, ob es gerade den Osten Bayerns oder den Westen Österreichs bildete.

Der bayerische Regierungsbezirk „Rentamt Burghausen" erfaßte im Mittelalter das Gebiet jenseits des Inn mittels dreier Landgerichte: Weilhart, Ried und Schärding. Teil des österreichischen Mühlviertels hingegen war die Grafschaft Neuburg am Inn mit Wernstein. Obernberg war passauisch. Und die Zollstation Engelhartszell wiederum war vor 1779 erbländisch österreichisch.

Das heutige Innviertel liegt großteils auf dem Gebiet der zum Herzogtum Bayern zählenden Grafschaft Burghausen, die nach dem Tode Kaiser Heinrichs II., der 995 seinem Vater Heinrich dem Zänker als Herzog von Bayern gefolgt war, nun seiner Witwe Kunigunde bis zu ihrem Tode als Wittum zur Verfügung gestellt worden war (um 1025).

1070 belehnte Kaiser Heinrich IV. den Welf von Este mit Bayern. Auf diesen folgten seine beiden Söhne, 1101 Welf II.

und 1120 Heinrich der Schwarze: bayerisch alles, vom Lech bis zur Leitha, von Augsburg bis Preßburg.

Dem Sohn des letzteren, Heinrich dem Stolzen, wurde nach der Auflehnung gegen König Konrad III. das Herzogtum entzogen und mit der Herzogswürde der Babenberger Leopold IV., bislang Markgraf von Österreich, betraut.

Erst der Enkel Heinrich des Schwarzen, Heinrich der Löwe, konnte 1156 Bayern – nun aber verkleinert um die in die Eigenständigkeit als Herzogtum entlassene Mark Österreich – für seine Familie letztmalig zurückgewinnen. Er belehnte 1164 Herrn Otto von Scheyern mit dem Grafenamt von Burghausen, noch nicht ahnend, daß dieser Otto – später von Wittelsbach genannt – ihm 16 Jahre später als Herzog von Bayern folgen würde: vom Innviertel auf den Herzogsstuhl!

Unmittelbar vor diesem Wechsel an der Spitze Bayerns entließ der deutsche Kaiser Friedrich Barbarossa aber auch noch die Marken Istrien und Steier, diese samt Traungau und Hausruck, als Herzogtümer in die Reichsunmittelbarkeit.

Bei der ersten Teilung des wittelsbachischen Landerbes 1255 fiel die Grafschaft Burghausen an Herzog Heinrich I. von Niederbayern. Dieser Urenkel des ersten Wittelsbacherherzogs wählte das ertragreiche und stark befestigte Burghausen neben Landshut zu seiner zeitweiligen Residenz. Ab nun hatten die Innviertler ihre eigene Fürstenresidenz.

Die Aufteilung in Ober- und Niederbayern dauerte bis 1505 an. Von da an bis 1779 blieb das prächtige München die Hauptstadt auch für die Bayern des Innviertels.

Die alte Landeseinteilung des Herzogtums Bayern mit insgesamt 44 Städten und 37 Märkten sah sieben Rentamts-Bezirke vor: München, Niederland-Straubing, Oberland-Ingolstadt, Landshut, Burghausen, Wasserburg und Weiden. Das Rentamt Burghausen wiederum umfaßte sechs Städte und sieben Märkte. Braunau etwa, eine der reichsten Städte Bayerns, brachte dem Herzog das Doppelte an Steuereinnahmen als die drei Märkte St. Wolfgang, Mondsee und Mauerkirchen zusammen. Der

Markt „Bayerisch-Ried", doppelt so reich wie Mauerkirchen, versteuerte fast ebensoviel wie die Stadt Schärding, Wasserburg oder Reichenhall. Burghausen oder Neuötting wiederum erbrachten das Doppelte von Schärding, die beiden reichen Residenzen München und Landshut aber jede das Vierfache. Das kurbayerische Rentamt Burghausen setzte sich letztlich im 18. Jahrhundert aus fünfzehn Gerichten und Landämtern zusammen: Braunau, Friedburg, Julbach, Kling, Kraiburg, Marktl, Mattighofen, Mauerkirchen, Mörmoosen, Neuötting, Ried, Schärding, Trostberg, Uttendorf und Wildshut. Rund die Hälfte dieser Gebiete, alles, was rechts von Salzach und Inn gelegen war, wurde 1779 gemeinsam an Österreich abgegeben und als weiteres, vorerst fünftes Landesviertel dem Erzherzogtum Österreich ob der Enns angegliedert.

Nach der österreichischen Niederlage von 1809 im Wiener Frieden durch Napoleon für Frankreich erbeutet, diente das obere Innviertel dann 1810 zusammen mit dem angrenzenden Hausruckgebiet als Aussteuer für das neugeschaffene Königreich Bayern, dem es erstmals zusammen mit Salzburg, dem Herzogtum, als „Salzachkreis" eingegliedert wurde.

Erster Sitz der Kreisregierung blieb vorerst Burghausen. Später war dann bis 1816 Salzburg auch „Innviertler" Hauptstadt.

Nach den Siegen von Leipzig und Waterloo – Bayern hatte sich samt Hausruck und Innviertel gerade noch rechtzeitig auf die Seite der Sieger geschlagen – wurde der Wiener Neuordnungs- und Rückgabe-Kongreß einberufen. So schnell wollte Bayern jetzt aber seinen Südosten nicht nochmals verlieren. Erst nach zähen Verhandlungen und einer österreichischen Mobilmachung mit 30.000 Mann an der Hausruckgrenze ließ sich im Vertrag von München die Übergabe des Innviertels und des Herzogtums Salzburg – ohne Berchtesgadener Land und den westlichen Flachgau – an die Landesregierung in Linz (als 4. und 5. obderennsischen Kreis) regeln. Die intensiven Bemühungen der Innviertler, zusammen mit den Salzburgern ein neues und eigenständiges Kronland zu bilden, scheiterten jedoch, sie mußten obderennsisch bleiben! Nur: Den Salzburgern gelang es dann 1848 doch noch, vom obderennsischen Linz loszukommen und einen eigenen Landtag zu bilden.

Die moderne österreichische Verwaltung hat die bewährte altbayerische Einteilung mit nur geringen Grenzveränderungen übernommen und führt sie bis heute in Form der politischen Verwaltungsbezirke Braunau, Ried und Schärding unter der Leitung von jeweils einem Bezirkshauptmann fort.

Erstmals seit 1779 hat dieses neu zusammengefaßte Landesviertel eine gemeinsame, nun von Niederbayern manchmal leicht abweichende Entwicklung mitgemacht. Dazu gehört auch das anfängliche Hin und Her zwischen Bayern, Frankreich und Österreich zwischen 1809 und 1816.

Wenig Rolle spielte die Grenze in den friedlichen Zeiten vor und auch nach 1866 und in den zwei gewaltigen Weltkriegen, die Bayern und Österreicher nebeneinander in den Gräben und Kavernen vorzüglich der Gebirgsfronten sahen. Auch die Notzeit nach 1918 war eine gemeinsame, und nur fünf Jahre von 1933–1938 währte die scharfe Abgrenzung zwischen den faschistischen Regimen beiderseits des Inn. Nachdem der Krieg 1945 auch am Inn zu Ende gegangen war – hier mußten die Reste der Heeresgruppe Süd aufgeben –, blieb das Elend der riesigen Gefangenenlager beiderseits des Flusses, die Not der vertriebenen Volksdeutschen in der neuen Heimat am Inn und die Besetzung durch US-amerikanische Truppen gemeinsames Erlebnis aller Altbayern beiderseits der Inngrenze.

Als sich 1955 Österreich dank einer geschickt genützten politischen Chance wieder in die volle staatliche Unabhängigkeit begeben konnte, zeichnete sich aber bereits der kommende, engere Zusammenschluß der europäischen Staaten ab, der die einst völlig unmotiviert, nur machtpolitisch gezogene Grenze am Inn zu einer wirtschaftlich und kulturell interessanten Verbindungslinie werden lassen könnte.

Spätestens seit 1990, dem Jahr des Zusammenbruchs der sozialistischen Staatengemeinschaft in Mittel- und Osteuropa, hat auch die von Österreich seit 1955 beobachtete Neutralität zwischen Ost und West ihren ursprünglichen Sinngehalt eingebüßt. Bayern und Oberösterreich sind jeweils Bundesländer freier und unabhängiger Republiken, die in gewachsener und freundschaftlich gepflegter Nachbarbeziehung leben und wirtschaften. Sie leben gut miteinander, wie jeder Innviertler wohl bestätigen kann.

Nachbarschaften

Das altbayerische, heute österreichische Innviertel grenzt an mehrere charakteristische Kulturlandschaften des oberdeutschen Raumes.

Zuerst sei hier Niederbayern genannt, dessen Bestandteil das Innviertel ja vor seiner Abtrennung war. Als im Frieden von Teschen 1779 Österreich seine Ansprüche auf ganz Bayern zugunsten der Pfalz aufgab, überließ Kurfürst Karl Theodor zumindest den Teil Bayerns östlich von Salzach und Inn dem benachbarten habsburgischen Erzherzogtum. Im Pariser Vertrag von 1810 gewann das Königreich Niederbayern seinen Osten wieder zurück, um ihn dann — wie oben geschildert – 1816 im Vertrag von München endgültig an das inzwischen selbsternannte Kaiserreich Österreich abgeben zu müssen. Seitdem hat sich das Gebiet Bayerns (heute Freistaat und Bundesland der BRD) nicht mehr verändert.

Das Passauer Land, heute ein Teil Niederbayerns, kam erst zu Bayern, nachdem das Innviertel bereits das erste Mal von ihm abgetrennt worden war. Es stellt das Gebiet des ehemaligen geistlichen Fürstentums Passau dar, das 1803–1806 aufgelöst wurde. Zu ihm gehörte auch der Markt Obernberg am Inn und Vichtenstein, heute in Österreich gelegen.

Das Mühlviertel nördlich der Donau unterstand im Mittelalter ebenfalls großteils dem Bistum Passau. Schritt für Schritt wurde es aber – ein habsburgisches Lehen um das andere und eine Vogtei um die andere – von Österreich annektiert, und wenn es nicht anders ging auch mit Gewalt wie etwa bei Falkenstein. Dies oft unter Duldung der aus dem Österreichischen stammenden Fürstbischöfe zu Passau.

Das Mühlviertel, ursprünglich vom Haselgraben bis zur österreichischen Landesgrenze im Westen reichend, umfaßte daher bis 1803 auch die österreichische Enklave Neuburg am Inn, zwischen Passau und Vornbach gelegen. Es wurde erst aufgrund der Angliederung des Innviertels an das Herzogtum Österreich ob der Enns um das ehemalige Machlandviertel, einer Verwaltungseinheit, die es seitdem nicht mehr gibt, erweitert.

Das Hausruckviertel ist ältestes ostbayerisches Gebiet, das nach und nach unter den niederbayerischen Julbachern zu Schaunberg bei Eferding zu einer reichsunmittelbaren Grafschaft gedieh. Erst nach der sogenannten „Schaunberger Fehde" gegen die Habsburger Ende des 14. Jahrhunderts mußten die Schaunberger die österreichische Landeshoheit anerkennen.

Das Hausruckviertel blieb bis zur Aufhebung der Vierteleinteilung eines der vier Rekrutierungs- und Verwaltungsviertel von Oberösterreich.

Das Bundesland Salzburg war bis zur Aufhebung als reichsunmittelbares Erzbistum im Jahre 1803 wie Passau ein eigenständiges Fürstentum des Heiligen Römischen Reiches Deutscher Nation gewesen. Nachdem das Gebiet des Hochstiftes Salzburg an Bayern übergeben worden war, wurde es 1816 im Vertrag von München entlang Saalach und Salzach zwischen Bayern und Österreich aufgeteilt. Die zu Österreich geschlagene Hälfte, 1816–1849 mit dem Erzherzogtum ob der Enns – später Oberösterreich – vereinigt, entwickelte sich aber ab 1850 zu einem eigenständigen Kronland des Kaiserreiches Österreich, dem heutigen Bundesland Salzburg.

Die heute bayerische Landeshälfte jenseits der Salzach wird bis in die Gegenwart nach dem Schutzpatron von Salzburg noch Rupertiwinkel genannt. Der „Pfaffenwinkel" , wie er auch heißt, bildete den bayerischen Landkreis Laufen bis zur Aufteilung auf die beiden Landkreise Altötting und Traunstein.

Kleinere Enklaven zeitweiser eigenständiger Entwicklung gab es innerhalb und am Rande des Innviertels selbstverständlich auch. Dazu mag etwa der bereits erwähnte Markt Obernberg zu zählen sein, der bis 1782 den südlichsten Stützpunkt des Bistums Passau bildete. Oder die Neuburg am linken Innufer, die, etwa ab 1236 heftig umstritten, bis 1803 zum österreichischen Mühlkreis zählte. Dazu gehört aber auch die seit den Habsburgern faktisch österreichische Zollstätte Engelhartszell mit dem alten Zisterzienserstift Engelszell, eine willkommene erste und sichere Nächtigungsmöglichkeit auf der Reise der Fürstbischöfe in ihre donauabwärts gelegene Diözese. Oder auch die Gemeinde Riedau, die früher zum Hausruckviertel zählte.

Aufgrund des gemeinsamen Naturraumes, der gleichen Volkszugehörigkeit und der sehr einheitlichen Kulturlandschaft sowie der übergreifenden geistlichen Betreuung durch die Bistümer Passau und Salzburg und der oftmaligen, langjährigen gemeinsamen Verwaltung im Zuge von Verpfändungen oder Okkupationen, erscheint heute das Innviertel als eine für Mitteleuropa bereits selten gewordene, geschlossene, ethnisch und kulturell ungestört gewachsene und geschlossene Region, in der ungebrochen und kaum überlagert viel Urtümliches aus dem Bayernstamm erhalten blieb – vielleicht sogar mehr als im heutigen Freistaat Bayern. Nicht nur der Mensch zeigt sich noch relativ einheitlich in Auftreten und Haltung, auch die von ihm gestaltete Kulturlandschaft, ihre Bauten und ihre Kunst, spricht für diese relative Unberührtheit von späteren störenden Einflußnahmen.

Das Innviertel grenzt eben nicht an fremde Kulturen, es bleibt eingebettet in einen Kreis nahestehender, schützender Nachbarschaft.

Jochenstein: Durch die Turbinen des architektonisch eindrucksvollen Wasserkraftwerkes hindurch, am Grenzmal Jochenstein vorbei, sucht die Donau zielstrebig, tief eingeschnitten zwischen Mühlviertel und Sauwald, ihren Weg nach Südosten.

Bild Seite 17
Oberes Innviertel: Zwei Vierseithöfe zwischen den sanften Hügeln des Alpenvorlandes.

Vornbacher Enge: Der Johannisfelsen mitten im Strom unter einem herbstlich-föhnigen weiß-blauen Himmel.

Bild Seite 20
Frühling in den Innauen bei Schärding.

Das Salzachtal

Das Tal der Salzach, das das Obere Innviertel vom salzburgischen Rupertiwinkel und vom „oberen Gericht" rund um Burghausen trennt, war durch Jahrhunderte die ausschließliche Hauptverkehrs- und Lebensader des Mattig- und Flachgaues.

Der vor der Errichtung der modernen Staustufen rasch flußabwärts wandernde Salzachschotter stellte das durch Jahrtausende abgelagerte Baumaterial des Alpenvorlandes im Bereich des eiszeitlichen Salzachgletschers dar. Die sich aufbauenden und wieder zusammenschmelzenden Gletscherzungen schoben Becken aus und Wälle auf, durch die sich dort und da die späteren Flüsse ihre Wege bahnen mußten. So bildeten sich die breiten Becken der Ibmer Seen und von Tittmoning sowie das schmale Durchbruchstal des „Gefäll" zwischen St. Radegund und Raitenhaslach, bevor sich die Salzach in den Inn ergießt.

Da das Wasser trotz aller Unberechenbarkeiten die wesentliche Verkehrsstraße für das Reichenhaller, Halleiner und Berchtesgadener Salz bildete, verdanken die am Wasser liegenden Siedlungen Oberndorf, Laufen, Tittmoning und Burghausen vor allem diesem regen Verkehr ihr Entstehen und ihre Blüte.

Entlang der gesamten Salzach wurde aus dem Schotter der besonders am unteren Inn- und im Donautal benötigte Kalk gebrannt. Aus den Kalktuffen, die vor allem bei Tittmoning und Überackern flußnahe an die Erdoberfläche treten, gewann man durch Heraussägen des im feuchten Zustand weichen Materials einen leichten, beim späteren Austrocknen aber zementharten Baustoff. Auch hier garantierte der rege Schiffsverkehr auf der Salzach den gewinnbringenden Abbau und Handel bis an die mittlere Donau. Noch mehr geschätzt wurde sicher der bunte Farbkalkstein aus dem Salzburger Raum, etwa der „Untersberger Marmor", der für künstlerisch hochwertige Arbeiten wie die zahllosen Marmor-Epitaphien in Ostbayern und im österreichischen Raum herangezogen wurde.

Während die vorgenannten Orte sehr bald eine wirtschaftliche Dominanz entwickeln konnten (Laufen und Tittmoning als Salzburger Märkte und Burghausen als bayerische Residenz), blieben den umliegenden, ungünstiger situierten Plätzen kaum Entwicklungsperspektiven.

Auch die alte Römerstraße von Salzburg über Tarsdorf und Überackern ins Inntal hinüber konnte nicht mit dem lebhaften Schiffsverkehr konkurrieren. Ostermiething, Hochburg, Wildshut und Ranshofen blieben trotz ihres frühen Entstehens weit hinter den blühenden linksufrigen Siedlungen zurück.

Als die Salzachschiffahrt zurückging und das Eisenbahnwesen aufkam, erhielten Burghausen und Tittmoning rasch Anschluß an die Tauernbahnstrecke über Mühldorf am Inn nach Salzburg, während das Gebiet des Weilhartsforstes von dieser neuen Verkehrstechnik noch unberührt blieb.

Das Mattigtal

Das breite Mattigtal ist aufgrund seiner wenig wasserreichen Zuflüsse stets eine dem Landverkehr vorbehaltene Landschaft geblieben. Sowohl der Traun- als auch der Salzachgletscher wirkten mit ihren Abflüssen an der Ausbildung dieser flachen Talfurt mit. Ihre Berührung fand mitten in der tiefsten Eiszeit auf dem bis heute fast ebenen Sattelstück zwischen Munderfing und Straßwalchen statt.

Die Schotterterrassen wurden aber im Gegensatz zum Salzachtal nicht von einem stark wasserführenden Fluß durchschnitten und entwässert, sodaß hier eine flache, oft nasse und hochwassergefährdete Talmulde bestehen blieb. Siedlungen liegen auf den zur Talmitte hin vorgeschobenen Uferterrassen oder am Talrand. Der Hauptort Mattighofen etwa liegt oberhalb von Mattig und Schwemmbach; Friedburg, Uttendorf und Mauerkirchen bevorzugen dagegen den Talrand, ebenso wie Heiligenstatt und Astätt.

Bedeutungsvoll für die Entwicklung des Mattigtales wurden die vermutlich schon keltischen, zur Römerzeit aber ausgebauten und strategisch genutzten Verkehrsverbindungen von den Limesfestungen Castra Batava / Passau und Laureacum / Lorch zum Verkehrsknoten Juvavum / Salzburg, von wo die Paßstraße über den Tauern weiter nach Rom führte. Durch das Mattigtal lief eine Verbindungsstraße, die in Straßwalchen von der Straße Salzburg-Lambach-Wels-Lorch abzweigte und bei Altheim in die Passauer-Straße einmündete.

Durch mehrere Schenkungen von Königsgut aus dem Besitz des Königshofes Mattighofen und des Mattiggaues, zu dem auch das westliche Salzkammergut zählte, insbesondere an die Bistümer Regensburg und Bamberg, wurde ein gewisser Fernverkehr im Mattigtal ausgelöst, der beim Aufkommen des europaweit bedeutenden Wallfahrtsziels St. Wolfgang am Aber-

oder Wolfgangssee zu einer äußerst starken Reisetätigkeit in diesem Gebiet führte.

Über all dem wachten die befestigten Mauten der niederbayerischen Herzöge zu Burghausen, Braunau und Ötting, die aus diesen „Pfaffengassen" beträchtlichen Gewinn zogen.

Entlang dieser europäischen Wallfahrtsstraße entstanden weitere unzählige „geheiligte" Raststationen, so etwa St. Valentin in Haselbach, St. Florian bei Uttendorf, Valentinshaft und Siegertshaft, St. Georgen an der Mattig und St. Georgen am Filmannsbach, Hart und Aschau, Höring, Astätt, Gebertsham und Heiligenstatt bei Friedburg. Die Siedlungen wuchsen entlang der Pilgerstraße, Versorgungs- und Dienstleistungsgewerbe blühten auf: Mühlen, Brauereien, Gastwirtschaften, Herbergen. Diese Blüte im Mattigtal hielt an, bis die Ströme der Wallfahrer nachließen oder sich neuen Wunderstätten und neuen Heiligen zuwandten: Maria Schmolln im Kobernaußerwald oder Altötting und auch Mariahilf bei Passau.

Dadurch erhielten andere Erwerbs- und Produktionszweige Bedeutung, die aus den natürlichen Ressourcen des Mattiggaues schöpften. Löß und Lehm begünstigten die Ziegelherstellung in Mauerkirchen und Uttendorf, Viehzucht die Ledererzeugung etwa in Mattighofen. Der Waldreichtum ließ Sägewerke und Transportunternehmungen in Munderfing und auch zwei große und fortschrittliche kaiserlich-österreichische Forstverwaltungen in Friedburg und Mattighofen entstehen. Das verfügbare Holz zog außerdem mehrere Eisenhämmer samt Kohlenmeilern bei Schalchen und eine Glashütte aus dem Böhmerwald in Schneegattern an.

Der Sprung ins zwanzigste Jahrhundert gelang für alle diese Wirtschaftszweige – die Lederfabrik Vogel in Mattighofen war lange Zeit das größte Unternehmen seiner Art in Österreich-Ungarn – sicherlich auch mit Hilfe der Bahnlinie Steindorf-Braunau, einer Nebenlinie der Kaiserin-Elisabeth-Westbahn, die Geburtsheimat und Wiener Residenz der österreichischen Kaiserin verband.

Das Inntal

Das von Westen kommende und nach Norden abschwenkende Inntal bildet rund um die Salzachmündung ein breites, zur Besiedlung wenig geeignetes Tal, dessen Boden stets hochwassergefährdet ist. Ausschließlich oberhalb und unterhalb dieser weiten Aulandschaft konnten Straßen an den einst verkehrsreichen Gebirgsfluß herangeführt oder Siedlungen gebaut werden. So teilten sich stets die Städte Wasserburg, Ötting, Braunau und Schärding den Inntal-Fernverkehr untereinander.

Der Inn stellte einst eine der wichtigsten Nord-Süd-Fernverbindungen Mitteleuropas dar. Ihm folgte etwa auch eine der Bernsteinstraßen; er verband Oberitalien mit Bayern, Österreich mit Böhmen, Rom mit Regensburg, Prag, Passau, Gnesen und Gran und auch die Residenzen von Innsbruck, Salzburg, München, Passau und Wien. Was mag da alles auf seinem Rücken befördert worden sein!

So wie die österreichischen Landesfürsten nach Passau, so flüchteten die bayerischen in Kriegsnöten bis nach Burghausen: Der untere Inn bot eine Rückzugsstellung, aus der man rasch wieder hervorbrechen konnte.

Nahe der agilolfingischen und fränkischen Pfalz Ranshofen entstand an der landesfürstlichen Innbrücke die Stadt Braunau, neben dem alten Königshof Ötting die Stadt Neuötting. Braunau löste den keltisch-römischen Verkehrsknoten Altheim in dieser Funktion ab. Über Altheim laufen aber auch heute noch die Straßen entlang der Innterrasse nach Passau, die Straße nach Ried in den Hausruck und dahinter an die Donau-Enns-Mündung sowie die Route über Straßwalchen ins Mondseeland und ins Salzkammergut.

Wichtige Landeplätze, sogenannte Länden, für den regen Schiffsverkehr waren Wasserburg am Inn als Hafen von Mün-

chen, der befestigte Brückenkopf Braunau-Simbach, Obernberg am Inn, der vorgeschobene Stützpunkt Passaus,
sowie der Brückenkopf Schärding-Neuhaus und nicht zuletzt
die Residenzstadt an der Mündung: Passau mit Inn- und
Ilzstadt.

Durch die politischen Veränderungen nach dem Reichs-
deputations-Hauptschluß, der Stadt und Land Salzburg zum
größten Teil dem österreichischen Kaiserreich zugeschlagen
hatte, gewann später das Projekt einer Eisenbahntrasse Wien-
Linz-Wels-Salzburg-Rosenheim-München entscheidenden
staatspolitischen Vorrang gegenüber der geradlinigen Trasse
Wels-Braunau-Ötting-Mühldorf-München. So wurde das
Innviertel von seiner alten Hauptstadt München abge-
schnitten und an keine neue angeschlossen. Die alte Verkehrs-
drehscheibe an Salzach, Inn und Mattig war und blieb damit
von geringerer Bedeutung.

Das kulturelle Zentrum des oberen Innkreises war der
Regierungssitz Burghausen an der Salzach. Nur eine einzige
Stadt konnte sich im Nahbereich Burghausen aufgrund ihrer
Bedeutung als Brückenkopf heranbilden: Braunau. Ansonsten
gab es nur die kleineren Märkte Mattighofen, Mauerkirchen,
Uttendorf und Altheim und rundum die noch viel kleineren
Pfarrweiler, verstreut im Weilhart. Laufen, Tittmoning und
Obernberg am Inn waren ja bereits Ausland.

Der herzogliche Hof zu Burghausen duldete auch keine mächtigen großen Grafen neben sich. Alleine die Gransen zu
Uttendorf und die ehemals salzburgischen Kuchler zu Friedburg
überragten an Bedeutung etwas die übrigen Kleinadeligen und
Hofbeamten. Zu Anfang des 16. Jahrhunderts traten dann auch
die Paumgartner zu Fraunstein und Ering, die Grafen von
Ortenburg, zeitweise auch die Herren von Franking stärker hervor.

Kriegszeiten haben dem offenen und verkehrswichtigen Land
oftmals übel mitgespielt. Vor 955 durchstreiften die Ungarn
die fruchtbaren Bauernlande an Inn und Mattig und zer-

störten neben dem Marktort Mattighofen auch die Stifte Mattsee und Michaelbeuern im nahen Salzburgischen.

Kriegsjahre waren auch 1233–1240 und 1257, als der österreichische Herzog Ostbayern verwüstete, 1364 und ganz besonders 1504 bis 1505 als der Bayerische Erbfolgekrieg wütete.

Die als geschützter Brückenkopf gegen Osten angelegte Festung Braunau schien weniger Kriege abzuwehren als anzuziehen: so im Spanischen Erbfolgekrieg 1703–1705, beim Bayerischen Bauernaufstand gegen die österreichische Besatzung 1705–1706, im Österreichischen Erbfolgekrieg 1741–1744 und endlich in den Franzosenkriegen 1800–1801, 1805–1807 und 1809.

Das blühende Bauern- und Reiseland am Inn geriet ins Hintertreffen, als die modernen Verkehrswege neu und andernorts „gebahnt" wurden. An den einst von zahlreichen Schiffen und Flößen belebten Lebensadern Salzach und Inn wurde es zunehmend stiller. Die Waren verließen auch die flußbegleitenden Fahrwege und folgten mehr und mehr den neuen Eisenbahngeleisen von München über Salzburg nach Wien oder von Wels über Passau nach Regensburg oder von München nach Simbach. Erst 1871 wurde Braunau mit Neumarkt-Kallham verbunden und 1873 Simbach mit Steindorf an der Westbahn, sodaß das gesamte Grenzlandviertel in biedermeierlich-ländlicher Ruhe verharren konnte. Zwischen 1914 und 1934 verstärkte sich die Rezession noch zusehends.

Erst die großräumigen Planungen des aufrüstenden Großdeutschland sparten auch die nun wieder zentral gelegenen Ressourcen des Innviertels nicht aus, holten aus dem unbändigen Bergfluß Inn elektrische Energie heraus und setzten sie sofort in den Chemiewerken bei Burghausen und in der Aluminiumhütte von Ranshofen um. Auch die heute bayerisch-österreichischen Staustufen im Inn und das Donaukraftwerk Jochenstein wurden damals geplant.

Im wachsenden Individualverkehr der sechziger Jahre gewannen die flußbegleitenden Straßen wieder mehr und mehr an

Bedeutung, ebenso die Zubringer der der ehemaligen österreichischen Reichsstraße 1 folgenden Westautobahn. Der zunehmende Verkehr von und zum oberösterreichischen Zentralraum, der Braunau und Ried sowie Schärding über Grieskirchen an Eferding oder Wels anband, wurde ab 1990 größtenteils auf die Innkreis-Autobahn gezogen, die bei ihrem Anschluß an die traditionellen Alpenübergänge zu einer wichtigen Hauptschlagader Europas anschwellen wird. Schnellbahnkonzepte zur Bewältigung des Massengüterverkehrs suchen ebenfalls den Weg durch das Innviertel, wie etwa die Route Wels-Braunau-München.

Nicht weit westlich des Inn soll eine der größten Drehscheiben des Luftverkehrs in Europa, München II-Erding, gebildet werden. Das Ende des „Eisernen Vorhanges" in Mitteleuropa hat das Inntal aus seiner Randlage wieder so recht in die Mitte Europas gerückt. Mit allen gewichtigen Vor- und Nachteilen einer dynamisierten Region.

Geheimnisvolles Ibmer Moor

Volkstümliche Erzählungen und Sagen beschreiben das Moor als eine Umgebung, in der des Nachts Irrlichter umhergeistern, wo Hexen und Moorleichen seit Jahrhunderten ihr Unwesen treiben und durch die Fantasiewelt des Menschen spuken. Aber auch der moderne Mensch hat sich dieses Themas angenommen, läßt sich doch die Nebelschwaden-Mystik literarisch und im Film wunderbar darstellen und auch verkaufen.

Noch im 17. Jahrhundert glaubte man, daß Moore durch die strafende Hand Gottes verordnet seien – zur Plage des Menschen. Wahrscheinlich war das mit ein Grund, warum diese urtümlichen Lebensräume bis zum Ende des 19. Jahrhunderts verschont blieben. In der Zwischenzeit hat sich dies gründlich geändert: Durch Entwässerungen, Torfstich, Moorgewinnung und Baumaßnahmen ist die Ursprünglichkeit der Moore zumindest teilweise abhanden gekommen. Im Ibmer-Moor, an der Grenze des Innviertels zum Bundesland Salzburg gelegen, verspürt der Wanderer noch einen Hauch von Geisterromantik. Dann, wenn er in der Dämmerung auf schmalen Brettbohlen zwischen finsteren Tümpeln und trügerischen Sümpfen durch die Unwegsamkeit streift. Seltsame, ungewohnte Laute dringen an sein Ohr – verursacht von den gefiederten Moosbewohnern. Da werden düstere Moorlegenden wieder wach, und beim gespenstischen Aufflackern der sich selbst entzündenden Sumpfgase glaubt man, Dutzende Irrlichter zu sehen.

Das Ibmer Moor stellt die einzige große, zusammenhängende Moorlandschaft Österreichs dar. Während der letzten Eiszeit, der Würmzeit, ergoß sich durch das Engtal der Salzach ein mächtiger Gletscher aus den Alpen. Mit einer Dicke von mehreren hundert Metern breitete er sich auf der flachen Voralpenlandschaft fächerförmig aus. Der Gletscher zerriß durch mehrere Längsspalten in Teilzungen und lagerte an seiner Stirn und seitlich große Mengen Schutt ab, die Moränen. Bei der reichbewegten Hügellandschaft um Ibm handelt es sich um

Stirnmoränen. Zwischen den einzelnen Moorbecken liegen flache, langgestreckte Geländewellen, die eine deutliche Überarbeitung durch den Gletscher zeigen. Sie werden Drumlin genannt. Die Orte Innerfurt, Außerfurt und Hackenbuch liegen auf einer dieser Erhebungen.

Bereits vor dem letzten hocheiszeitlichen Vorstoß des Salzachgletschers bildeten sich innerhalb der Moränen Eisseen. Durch das Vorrücken des Gletschers wurden schon früher abgelagerte Moränenwälle gestaucht und verschoben. Moränen stauten das abfließende Wasser, und es bildete sich zwischen dem heutigen Heratinger- und Leitensee ein großer, ausgedehnter See. Dieser hatte gegen Franking und Hackenbuch zu zwei schmale Buchten, und sein Abfluß erfolgte zunächst durch die Moränen nach Norden, später – nach dem Rückgang des Eises – nach Südwesten. Noch während der Eiszeit trocknete der See zum größten Teil aus. Auf seinen wasserundurchlässigen Tonen siedelten sich Moorpflanzen an, und vor ungefähr 12.000 Jahren begann die Bildung des Moores. Heratinger- und Leitensee sind die letzten Reste dieses Eiszeitsees.

Frühzeitliches in Ufer-Noricum

Herausragendes Fundgut der Hallstattkultur im Innviertel sind das Bronzeschwert von Helpfau, dessen Knauf seltsamerweise mit feinen Eiseneinlagen verziert ist, und der schwere, goldene Halsschmuck aus einem Fürstengrab in Uttendorf, ein ganz einmaliger Fund. Zusammen mit dem Gräberfeld von Überackern, dessen Aschenurnen und Beigaben ebenfalls museal geborgen sind, beweisen diese Funde nicht nur die frühe Besiedlung, sondern auch die Höhe der Kultur zur Hallstattzeit im Mattigtal, wie dies auch – durch kleinere Funde belegbar – für die übrigen Tallandschaften beiderseits des Inn angenommen werden darf.

Erinnerungen an die keltische Besiedlung stecken in so manchen Flur- oder Gewässerbezeichnungen, wie sie von den nachfolgenden Generationen, ob eingeboren oder zugewandert, übernommen wurden. Inn, mundartlich „I" genannt, schlechthin „der Fluß", dürfte keltisch oder gar noch älter sein. Ebenso die Bezeichnungen der Flüsse Mattig und Antiesen, die „Nasse" und die „Dunkle".

Als im Jahre 15 die Römer bis an den Ister – später Donau – vorstießen, um dem Weltreich ein sicherndes Vorfeld zu schaffen, trafen sie auf einen blühenden keltischen Kulturraum, der Großsiedlungen und Festungsanlagen, Bergwerke und Brennöfen, Münzen und Märkte, Tempelbezirke und Fürstenburgen kannte, in dem besonders die Lande entlang der Donau gut aufgeschlossen waren und wo eine hochentwickelte Geldwirtschaft betrieben wurde.

Dieses wertvolle Kulturland wurde dem Römischen Weltreich wie es lag und stand großzügig eingegliedert und insgesamt durch eine lange Zeit sichere militärische Grenze, den Limes, gegen außen abgeschlossen. Der Inn unterteilte damals die römischen Provinzen: rechterhand am rechten Ufer Ufer-

Noricum und Vindelicien und Rätien am linken Ufer. Es bildete sich bald eine keltisch-römische Mischkultur, in die sich mehr und mehr auch germanische Elemente einmischten.

Zentren des keltisch-germanisch durchsetzten, provinzrömischen Lebens waren die Städte Radasbona/Regensburg, Boiodurum/Passau, später Castra Batava, Juvavum/Salzburg oder auch Ovilava/Wels.

Die Streuung und Häufung der Funde aus provinzrömischer Zeit läßt die Rekonstruktion der römischen Hauptverkehrsrouten zu. Das römische Straßennetz, zumeist noch der keltischen Landaufschließung folgend, stellte das militärische, wirtschaftliche und kulturelle Traggerüst des riesigen Staatswesens dar.

Zwei wichtige Römerstraßenzüge zogen von Juvavum/Salzburg nach Norden: einmal nach Castra Batava/Passau entlang der rechtsseitigen, hochwassersicheren Schotterterrasse der Salzach und des Inn, und einmal nach Laureacum/Lorch an der Ennsmündung über Tergolape/vielleicht Schwanenstadt und Ovilava/Wels. Eine Straßenspange durch das Mattigtal etwa zwischen Straßwalchen (!) und Altheim-Braunau verband beide Routen.

Entlang der gut ausgebauten Straßen ließen sich auch römische Bürger vermutlich verschiedenster Nationalität nieder, begründeten Landgüter und kleinere Siedlungen, wie Bodenfunde heute beweisen.

Die der Reichsgrenze folgende Limesstraße zwischen Castra Batava/Passau und Laureacum/Lorch versorgte vor allem die Kleinkastelle am rechten Donauufer unmittelbar an der Reichsgrenze gegen Germanien – so etwa die Kastelle von Oberranna bei Engelhartszell oder in Joviacum/Schlögen und Lentia/Linz.

Außer in Münzfunden und Mauerresten mögen sich Erinnerungen an die römische Zivilisation Vindeliciens, Rätiens und Noricums auch in manchen sonst unverständlich gewordenen Ortsbezeichnungen erhalten haben.

Nach dem Rückzug des römischen Militärs und der römischen Verwaltungsbehörden muß ein großer Teil der Zivilbevölkerung im Lande geblieben sein, denn sowohl römische Landhäuser als auch Siedlungsplätze, wie auch das auf keltischen Grundlagen aufgebaute römische Straßennetz wurden in fränkisch-bairischer Zeit, wenn auch oft unter stark veränderten Bedingungen weiter genutzt. Viele Flur- und Ortsnamen wurden beibehalten beziehungsweise übernommen.

Innviertler Hauslandschaft

Das Innviertel stellt ein altbayerisches Altsiedelland dar, fernab jeder bedrohlichen Grenze, in dem die bäuerlichen Anwesen friedlich verstreut inmitten ihrer Felder liegen. Die charakteristische Bauernhofform des Innviertels ist der offene ostbayerische Vierseithof.

Er ist hervorgegangen aus dem altbayerischen Haufenhof, dessen Baulichkeiten sich im Laufe der Jahrhunderte auf vier offen um die zentrale Miststatt angeordnete Gebäude reduzierten. Der rechteckige, oft sogar quadratische Hofraum wird von Wohnhaus und Scheune, die einander gegenüberstehen, mit Stall und Hütte dazwischen, gebildet. Die sehr nahe beieinander liegenden, aber doch freistehenden Gebäude sind durch Hoftore oder Planken verbunden.

Der Haufenhof wieder ist mit dem alpinen Zwei- und Paarhof verwandt und dürfte im Zuge des mittelalterlichen Landesausbaus im bayerischen Altsiedelland mehr und mehr frühere, primitivere Anlagen ersetzt haben. In den sicher erst später besiedelten Randzonen des Altsiedellandes, wie in den das Innviertel umrahmenden Waldgebieten Weilhart, Kobernaußerwald, Hausruck, Neuburger- und Sauwald, haben sich hingegen zum Teil altertümlichere Haustypen erhalten.

Es ist davon auszugehen, daß bis zum Ausgang des Mittelalters steile, strohgedeckte Walmdächer, seltener Holzschindeldächer, das Bild des eingeschossigen niedrigen Bauernhauses prägten. Erst mit der Vergrößerung der Grundrisse und dem Aufsetzen eines weiteren Stockwerkes, dem „Aufüber", geht auch eine Verlängerung der Firste und die Umstellung auf Satteldächer mit flacherer Neigung einher. Traditionsverbundene Amts- oder Verwaltungsbauten, Pfarrhöfe und herrschaftliche Tavernen sowie aus wirtschaftlichen Gründen nicht mehr erneuerte Stall- oder Nebengebäude behielten jedoch oft die alten Walmdächer bei. Die bäuerlichen Wohngebäude übernahmen nach und nach die weit überstehenden Flachdachformen des oberdeutschen Alpenvorlandes.

Im gesamten Innviertel haben sich zudem altertümliche Block- oder Bohlenbauten erhalten, die uns noch ein Bild des spätmittelalterlichen Bauernhauses geben können. Im oberen Innviertel, in Nachbarschaft zum Mittertennhof, tritt sehr oft das Wohn-Stallhaus auf, bei dem hinter dem Wohnhaus auch die Ställe unter ein und demselben Dach untergebracht sind, ein nachweislich im 19. Jahrhundert als veraltet geltender und seitdem nicht mehr ausgeführter Bautyp.

Die älteren Bohlenhäuser weisen auch durchwegs hof-, das ist südseitig, offene Gänge vor der Fassade, „Schrot" oder „Labn" genannt, auf. Die Geländer sind meist aus aufwendig ausgeschnittenen Brettern oder gar gedrechselten „Docken" gebildet. Je altertümlicher das Wohnhaus, desto kleiner die Fenster, die ja ursprünglich als „Liachtn" im Sommer offen und im Winter meist verschlossen, das heißt auch verdunkelt waren. Erst die Verbreitung des Glases zu erschwinglichen Preisen erlaubte das Vorsehen oder Ausschneiden größerer „Fenster".

Die Umstellung vom offenen Feuer auf eine eigene, gewölbte schwarze „Kuchl" im Hausinneren ist in alten Blockbauten oft noch an den heute geschlossenen Vierungen in den Bohlen ablesbar. Sie zeigen die ehemaligen Rauchluken der Stuben an.

Die Hoftore beiderseits des Wohnhauses wurden meist durch Sägearbeit in Sonnenform liebevoll ornamentiert und ausgestaltet und zusätzlich auch durch wirkungsvolle Bemalung ausgezeichnet.

Im 18. Jahrhundert ist eine weitere Veränderung der Dachformen zu beobachten. Die Legschindel- oder Schwardächer weichen wieder steileren Formen: Dächern mit harter Deckung, erst Tonziegeln, später Zementsteinen oder -platten. Der zum Hof gewandte Wohnhausgiebel wird des höheren Gewichtes der Deckung wegen oft bei der Aufstockung gedreht, sodaß die jüngeren Hoftypen durchwegs traufständig, das heißt mit der Traufe und nicht mit dem Giebel zum Misthaufen – stehen, Ausdruck und Maßstab erfolgreicher Viehwirtschaft.

Die Holzbohlenwände sind oftmals an der Wetterseite „åbetaferlt", das heißt mit Holztäfelchen bzw. -schindeln gegen den Schlagregen verkleidet. Auch hier trifft man einfache, wie etwa beim Grünberger zu Beharding bei Kopfing, und zierlich ausgeschnittene Formen an. Im Sauwaldgebiet, dem nördlichen, bergigen Innviertel, tritt der steinbloß gemauerte Hausstock häufig auf, bei dem das hölzerne Ober- oder Dachgeschoß etwas zurücktritt. Die Fugen zwischen den grauen, unförmigen Steinen werden nach dem Ausfugen kalkweiß verstrichen.

Während im Innviertel die Hofentwicklung früher stehen geblieben zu sein scheint, führte sie jenseits des Hausrucks zu ihrer höchsten und letzten Ausformung. Dort wuchsen zuerst die in Niederbayern und dem Innviertel offen angeordneten Wirtschaftsgebäude zu einer Dreiflügelform zusammen, an die zuletzt auch das Wohnhaus angeschlossen wurde. Mit gleich hohem First und baulich geschlossenen Ecken entstand der mächtige Vierkanter, die schloßartig wirkende Gehöftausbildung eines reichen Bauernlandes zu Ende des 19. Jahrhunderts, die höchste und letzte Entwicklungsstufe des deutschen Bauernhauses überhaupt.

„Bundwerk" ist die Kurzbezeichnung für eine besonders kunstvoll ausgereifte Zimmermannstechnik zur Errichtung von Bauten in Riegelkonstruktionen für Außenwände und Giebel, wobei die Konstruktionen größtenteils offen oder, wenn innen verschalt, so doch plastisch und von außen sichtbar erhalten bleiben. Es entstehen damit Holzbauten mit stark strukturierten Fassaden.

Diese Zimmermannstechnik findet sich ausschließlich im oberbayerischen Raum von Nesselwang im Allgäu bis Mattighofen im Innviertel, von der Mühlbacher Klause in Südtirol und dem Schweizer Engadin bis ins Rottal vor den Toren Passaus.

Sind in den Tiroler Bergen vor allem die Wohnhäuser und deren Giebel durch kunstvolles Bundwerk ausgezei chnet, so sind beiderseits des unteren Inn, in Niederbayern und dem Innviertel, die Stadel auf diese Weise verziert, oft über zwei oder gar drei Schauseiten hinweg. In dieser Region, vor allem im Bezirk Braunau, tritt neben die kunstfertigen Holzverbindungen – selbstredend ohne Verwendung von Nägeln oder anderen Eisenteilen – auch noch eine einfache Zimmermannsmalerei in Rot und Weiß, die diese Holzbauten als letzte Entwicklungsstufe einer jahrhundertelangen bajuwarischen Bautradition besonders kennzeichnet.

Die ältesten erhaltenen Beispiele von Giebelbundwerk in Südtirol stammen noch aus dem 16. Jahrhundert bis herauf in die Jahre des Dreißigjährigen Krieges. Nordtiroler Datierungen reichen von 1650 bis 1750, solche im Raum von Mittenwald von 1680 bis 1780. Im anschließenden Chiemgau taucht dann das Bundwerk statt im Giebel an großen Stadelwänden auf und tritt dort, wie im angrenzenden Rupertiwinkel, im oberen Innviertel und an der Grenze zu Niederbayern, vor allem ab 1850 auf, bis mit dem Ende des Ersten Weltkrieges auch diese Tradition abreißt. Zwei große beispielhafte Bundwerkstadeln stehen nebeneinander in Hochburg, ein anderer schöner Bau in Haigermoos.

An Hofgrößen unterschied und unterscheidet man im Innviertel folgende Formen: den „Meier", wie man eine vollausgebaute landwirtschaftliche Einheit mit acht Rössern, zwei Dutzend Schafen und einer Bodenfläche von etwa 60 Hektar bezeichnete. „Huber" war ein sogenannter Halbhof, etwa nach der Aufteilung eines Meierhofes auf zwei Erben. „Lehner" oder „Lechner" war die Bezeichnung für einen Viertelhof, der aber je nach wirtschaftlicher Tüchtigkeit durchaus bis zu zwanzig Schafe und 20 Hektar haben konnte.

Diese „Lehner" machen auch heute noch den überwiegenden Teil der Hoftypen des Innviertels aus.

Die Kleinsthofform wird im Innviertel „Sölde" genannt, eigentlich schon ein landwirtschaftlicher Nebenerwerbsbetrieb in Verbindung mit einem Handwerk oder ähnlichem. So ein „Söldner", „Söllner", „Sellner" usw. auf einem Achtelhof konnte maximal fünf bis 10 Hektar besitzen sowie ein Roß und acht Schafe.

Nur ein Dach über dem Kopf aber keinen eigenen Boden, kein eigenes „Sachel", besaßen die „Häusler" oder „Hüttler" oder „Leersöldner". Sie mußten sich zum Erwerb des Lebensunterhaltes einfach verdingen.

Die Landwirtschaft war auch im Innviertel bis in die Neuzeit herauf ein hartes Brot, denn sie war außer vom Einsatz der menschlichen und tierischen Arbeitskraft natürlich vom Zufall der Witterung abhängig. Die Hauptnahrungsgrundlage Getreide konnte lange nicht in ausreichender Menge geerntet oder über ein Jahr haltbar aufbewahrt werden – auch nicht das Saatgut. Daher gab es ein ständiges Auf und Ab bei Erträgnissen, einen ständigen Kampf um jeden Meter Boden und jedes Graserl am Wiesenrain.

Das wichtigste und wertvollste Konservierungsmittel, das den Menschen eine zumindest teilweise Unabhängigkeit von den Launen der Natur versprach, war das Salz. Für das Innviertel kam dieses Konservierungsmittel durchwegs aus Hallein, Reichenhall oder Hall in Tirol. Damit konnte man Kraut, Bohnen, Butter, Fleisch und Fisch zur Vorratshaltung haltbar machen. Auch das Selchen oder Räuchern war ein wichtiger Konservierungsvorgang. Obst und Früchte wiederum ließen sich dörren oder als Mus einkochen und dadurch etwas haltbarer machen. Alle diese vielfältigen Tätigkeiten des Erntens, Aufarbeitens, Konservierens und Aufbewahrens spielten sich ausschließlich innerhalb der Bauernhöfe, - in jedem für sich und mit wechselndem Erfolg ab.

Die dort und da im Innviertel sichtbaren Haken- oder Doppelhakenhöfe (T-Form) gehen auf eine Erweiterung der Viehwirtschaft im 19. Jahrhundert zurück. Der zu klein gewordene Einfirsthof wurde dabei um einen querliegenden Stallanbau vergrößert.

Im 19. Jahrhundert wurde der Wohnstock des Bauernhauses immer öfter, zumindest im Erdgeschoß, in Bruchstein oder Ziegelstein errichtet, der obere Gaden oder Stock noch lange Zeit im herkömmlichen Blockbau.

Die vier Gebäude des Innviertler Vierseithofes sind im Sinne des Uhrzeigers: Haus, Kuhstall, Stadel und Kasten. Ihre Funktionen sind Wohnen und Unterbringung von Zugtieren (Rosse und Ochsen), Unterbringung der Kühe, Einlagerung der Futtervorräte und Einlagerung der Nahrungsvorräte.

Im Zuge einer stetigen Verbesserung wurde der Roß- und Ochsenstall aus dem Wohnhaus ausgegliedert und sodann meist im Kasten untergebracht, der auch oft den vergrößerten Rinderbestand aufnehmen mußte. Sollte der Kasten auch noch als Wagenhütte dienen, wurde der eigentliche Troadkasten beim Umbau immer öfter in den Stadl hineingebaut und letzterer dann oft zum größten der vier Bauten ausgebildet.

Während die ursprünglichen Höfe durchwegs als hölzerne Blockkonstruktionen ausgeführt waren, wandelte sich das im Laufe der Jahrhunderte. Zuerst suchte man für die von Mist und Jauche zerfressenen Ställe neue Materialien, das heißt, diese wandelten sich als erste im Sauwald zu Stein-, im Voralpenland zu Ziegelmauern. Die Strohdächer des unteren Innviertels wurden im Laufe der Zeit zu roten Ziegeldächern, die Legschindeldächer des niederschlagsreicheren Oberen Innviertels zu Blech – bzw. Asbestzementdächern etwa gleichbleibender Neigung. Die technisch bedingten Aufsteilungen bei Übernahme der Ziegeldeckung, oft verbunden mit einer Drehung des Firstes oder einer Umwandlung des viergratigen Vierplattler-Walmdaches zu problemfrei herzustellenden Satteldächern, kann man überall noch nachvollziehen.

Eine besondere Entwicklung nahm der sich vergrößernde Stadel, als seine massige Holzkonstruktion auf die statisch notwendigen Binder und aussteifende Bundwerke reduziert wurde. Diese wurden aber betont solide, überdimensioniert und durch zahlreiche, ornamental aneinandergereihte, oft verzierte und bemalte Holzverbindungen hergestellt, nach außen sichtbar belassen, und nur von innen mit Brettern verschlagen.

Zu einer Ausfachung mittels Wied (lehmvermörteltes Ruten-Flechtwerk) und Mörtel oder Ziegel kam es bei den luftzugänglich angelegten Konstruktionen – im Gegensatz zum mitteldeutschen und norddeutschen Fachwerksbau – nicht.

Diese großen Bundwerkstadeln, von denen sich noch etwa 45 besonders reich ausgestaltete im Oberen Innviertel erhalten haben, weisen oft mehrere Tennen auf.

Aber auch im unteren Innviertel stellen die großen Stadeln, oft erst im Abbruch gut sichtbar, bewundernswert kunstvolle Zimmererkonstruktionen dar, deren Erhaltung im Zeitalter der Silowirtschaft leider nicht mehr gewährleistet ist.

Die gemauerten Ställe wurden anfänglich mit gemauerten Tonnen, später mit sogenannten „böhmischen Platzlgewölben", noch später mit zwischen eisernen Traversen angeordneten „preußischen Kappen" überdeckt.

Das Wohnhaus, stets mit durchgängigem Mittelflur ausgestattet, ist durchwegs zum Hof hin nach Süden orientiert. Durch die Haustür betritt man das Haus oder den Fletz. Die Stube birgt zur Hausmitte hin den Herd oder Kachelofen. Gegenüber, von Wandbänken eingesäumt, ist der Eßplatz unter dem Herrgottswinkel.

An die Ofenecke schließt die Küche an. Dieser äußerst feuergefährdete Kern des Hauses ist seit langem gemauert und bietet in den älteren erhaltenen Häusern auch noch Platz für einen Backofen, der später aufgrund der Feuergefahr durch Überhitzung und Funkenflug in ein Nebengebäude verlagert wurde und oft zusätzlich auch als Obstdörre eingerichtet war.

Gegenüber von Stube und Küche liegen die Kammern. Die durch Erd- und Oberflächenfeuchte stärker gefährdeten Blockwände des Erdgeschosses wurden schon früher gegen Mauerwerk ausgetauscht als die der Obergeschosse, in denen sich die vom Erdgeschoß her mittemperierten Schlafkammern, die besseren Stuben für die Gäste und oft auch ein Schüttboden befanden.

Der Aufgang vom Fletz zum Gang des Obergeschosses erfolgt meist über eine einläufige, eingeschobene Leitertreppe, die parallel zum First an der Wand anliegt. Vom Gang des Obergeschosses tritt man nach Süden auf den Schrot hinaus, der oft bis auf den Stall hinüberführt. Schön gedrechselte Docken als Geländer sind ein Merkmal des Innviertler Hauses.

Nicht selten sind die weit vorkragenden Köpfe der Dachpfetten und die dazwischen sichtbaren Laden der Dachuntersicht mit einfachen, nach der Schnur gerissenen, geometrischen oder auch frei aufgemalten floralen Ornamenten oder auch Sprüchen in weiß, rot und schwarz bemalt. Ein Beispiel dafür findet sich in Schießdorf bei Münzkirchen. Der Ortgang am Dachende und die Hirnbretter zum Schutze der Pfettenköpfe sind oft aufwendig ausgeschnitten, so etwa am Gruber-Haus in Hochburg, zu sehen.

Nur im südlichsten Oberen Innviertel trifft man auch auf den alpinen Einhof in seiner Flachgauer Ausprägung. Hier schließt an das oben beschriebene Wohnhaus über eine querliegende Tenne hinweg der Stallbereich an. Die ehemaligen Legschindeldächer sind durchwegs schon durch steilere Hartdächer ersetzt, wobei das Motiv des „Schopf" genannten Krüppelwalmes häufig neu aufgenommen wurde.

Lange Zeit charakteristisch waren für die Streuhöfe des Innviertels die den Hof überragenden Windräder zum Wasserheben im Brunnen. Sie sind erst im Zeitalter der billigen Elektrizität verschwunden.

Die kleinsten Haustypen – Kleinstlandwirtschaften unter einem Dach – werden wie erwähnt vom Typus gesehen „Sölde", eigentumsrechtlich jedoch „Sach" oder „Sachl" genannt.

Jeder größere Hof, aber unbedingt jeder Weiler, hat seine Kapelle, zumeist im Angesicht des Hauses, manchmal aber auch dem Ankommenden zugekehrt. Oft markieren diese malerisch gelegenen und liebevoll bis einfältig-kitschig ausgestatteten Kapellen auch eine Besitzgrenze.

Im gesamten Alpenvorland sind häufig freistehende Troadkästen in Holzblockbauweise anzutreffen. Sie sollten die Nahrungsmittelvorräte möglichst ungeziefer-, diebstahl- und feuersicher aufnehmen und wurden daher unmittelbar beim Haus errichtet, meist mit schweren, eichenen Balken auf ein Fundament aus Findlingsteinen gelegt, soweit es ging gegen Mäuse gesichert und mit kunstvollen Riegelkonstruktionen gegen unbefugten Zutritt abgeschlossen. Aufgrund ihrer besonders soliden Ausführung mögen sie sich besser als manches hölzerne Bauernhaus gegen den drohenden Verfall in Wind und Wetter gehalten haben.

So sind hier neben einfallsreich ausgeformten Eckverbindungen auch archaisch wirkende Türkonstruktionen anzutreffen, sorgfältig ausgefertigte Luken, Schrote, Treppen. Wo es nur ging, weisen Verzierungen – sowohl mit Reifmesser als auch mit der Säge hergestellt – auf die hervorragende Bedeutung dieser Bauten hin.

Dort und da werden zerspellte Türblätter oder Einschüsse als unheimliche Erinnerung an die Franzosenzeit gezeigt. Die „Franzosen" konnten damals auch Württemberger, Badener, vielleicht sogar Österreicher oder Kroaten sein, je nach dem.

Einer der ältesten erhaltenen dieser Troadkästen (von 1669), ursprünglich beim Schwarzmaier in Thal bei Sigharting, konnte 1988 durch Übertragung nach Brunnental, also nicht weit entfernt vom ursprünglichen Standort, erhalten und gerettet werden.

'd Seite 47
amet: Die eindrucksvolle Zimmermannskonstruktion eines großen, niederbairischen Stadels.

'd Seite 48, oben
ttigham: Typischer Vierseithof mit schindelvertaferltem Wohnhaus, mit Vierplattlerdach, kunstvoll gesägtem Hoftor und
gelgemauertem, großem Stall.

d Seite 48, unten
drichsfurth: Alter Troadkasten, zur Wagenhütte erweitert.

d Seite 49
drichsfurth: Besonders urtümlich erhaltenes, altertümliches Gehöft in Blockbauweise.

d Seite 50
met: Einfach und doch hübsche Kammer in einem holzgezimmerten Bauernhaus.

Bairisch-österreichische Mundart

Die Sprache des Innviertels ist das Bairische, dessen einzelne Mundarten aber bis heute die alte Gaueinteilung widerspiegeln. So wird im Oberen Innviertel eine von Salzburg beeinflußte, in jüngster Zeit immer weiter entwickelte, leicht „österreichisch" abgewandelte Mundart gesprochen. Das Untere Innviertel ist hingegen sehr „altbairisch" verblieben. Lange Zeit unter Passauer Einfluß, ist es nun vom bayerischen Passau grenzbedingt, vom Wiener und Linzer Zentralraum dagegen durch die große Entfernung getrennt und deshalb sprachlich weniger als der Süden beeinflußt worden.

Unverkennbar „österreichischer" wird in den früher zum Hausruckkreis zählenden Gemeinden geredet.

So schlägt bis in die Gegenwart die vor über tausend Jahren getroffene Einteilung in Rottgau und Mattiggau durch und läßt uns in der so wild umkämpften Mitte Europas ein schon selten gewordenes Stück kultureller Kontinuität erleben.

Der Mundart aufs Maul g´schaut

*Der Innviertler, so heißt es, sei in seinem Wesen ein wenig anders –
selbstbewußter und rauflustiger als seine anderen Viertel-Genossen.
Wie gesagt, so heißt es. Jedenfalls unterscheidet er sich in seinem
Brauchtum ganz beträchtlich von den übrigen Oberösterreichern.
Der Innviertler Vierseithof ist z.B. eine ganz besondere Hofform.
Auch ist das bäuerliche Erbrecht anders, denn der älteste Sohn ist
ausersehen, den Hof zu übernehmen. In allen anderen Landesteilen
erbt diesen im allgemeinen der jüngste Sohn. Doch bei allen Bemühungen, die Eigenschaften der Innviertler festzuhalten, wird höchst
selten auf die Innviertler Mundart Bezug genommen. Doch scheint
gerade diese in sehr hohem Maße die gewisse Eigenständigkeit dieses
Viertels zu unterstreichen. Die Beobachtung der Sprache, jenes
unmittelbaren Bereiches zwischenmenschlicher Beziehungen, ist ganz
besonders geeignet, Menschen in ihrer Eigenart zu erfassen und zu
charakterisieren. Josef Reischl (1842–1892), seines Zeichens Volks-
schriftsteller, tat es auf seine Weise:*

*Frei redn und haoh singa,
schnell foahrn und schwar tringa
treu liabn und fest wehrn –
so ham's d'Innviertler gern.*

*Wir wollen jedoch unser Augen- und Ohrenmerk auf die unverfälschte,
auf die bodenständige Mundart lenken. Dabei gibt es so manche
lautliche Besonderheit aufzuspüren und andererseits Beispiele für
eine gewisse Eigenständigkeit im Wortschatz der Innviertler festzuhalten.
Im Lautstand der Innviertler Mundart gibt es viele auffällige Merk-
male: Mit seinen Entsprechungen für o in Wörtern wie Brot, groß,
Not, rot usw. geht das Innviertel eigene Wege. Während im oberösterreichischen Kernland dieses **o** in seinen Mundarten durch eo*

weitergegeben wird (**Breod, greoß, Neod, reod**), spricht der Innviertler ein ou. Hier heißt es also **Broud, grouß, Noud** und **roud**. Mundartfremden ist es beinahe unmöglich, diesen Zwielaut „richtig" auszusprechen. Viele Mundartdichter, allen voran Franz Stelzhamer, schrieben diesen Zwielaut als **-ao-**. Sensible Ohren werden im unteren Innviertel jedoch einen Landstrich entdecken, in dem dieser Laut weder als **eo**, noch als ou gesprochen wird. Stattdessen erklingt in der Gegend etwa zwischen Taiskirchen und Andorf ein eigenartig gefärbtes, mittelgäumiges offenes **ö**. Dort heißt es **Bröd, größ, Nöd, röd**. Da auch für a nur in manchen Wörtern dieser eigenartige Laut auftritt, etwa in **Wösser** (Wasser), **Löcka** (Wasserlacke) oder **pöschn** (patschen), werden die Bewohner dieses Landstrichs etwas spöttisch als **Löckapöscher** oder als **Plötzer** (kommt von „Platz") bezeichnet.

Besonders im oberen und mittleren Innviertel fällt eine andere Lauteigenheit auf, die das **l** zwischen Selbstlauten betrifft. Während es in den meisten oberösterreichischen Mundarten **Kella, Deöla** (Teller), **Schuüla** (Schüler), **Hola** (Holler) heißt, sagt der obere und mittlere Innviertler **Kei-a, Dai-a, Schui-a, Hoi-a**. Darüber hinaus erscheint die Endung **-el** in weiten Teilen unseres Bundeslandes, übrigens auch in der Verkehrssprache, zu **-ö** verändert. Man spricht von **Löffö** (Löffel), von der **Gowö** (Gabel) und auch vom **Opfö** (Apfel). Im Innviertel heißt das der **Leffe**, die **Gowe** und der **Opfe**.

Wenden wir uns nun – nach diesen Betrachtungen einiger auffälliger Lauteigenheiten – den Besonderheiten im Wortschatz des Innviertlers zu. Wir beachten wiederum dabei, daß wir einem bodenständigen, einem verwurzelten Innviertler zuhören. Einem, der sein ganzes Leben hier zugebracht hat, der noch unverfälscht die Mundart seiner Vorfahren spricht. Er kennt z.B. eine Reihe von Speisen, die außerhalb des Innviertels unbekannt sind. So nennt er die gemeinhin als Buchtl oder Wuchtl bekannte Mehlspeise a **Rounu(d)l**, eine Rohrnudel. Im Hausruckviertel wiederum heißt diese Speise **Rainweckö**. In Oberösterreichs bäuerlichen Mundarten heißen die „Knödel" entweder **Kno(d)n**, in manchen Gegenden sogar **Dno(d)n**. Die Innviertler Küche bereitet sie nicht nur größer zu, sie nennt sie **Kne(d)l**. Ein Bunkl im oberösterreichischen Kernland wird im oberen Innviertel zum **Schlegl**, im unteren Innviertel – auch im oberen Mühlviertel – zum **Schädl**. Und der im ganzen Land als „Faschingskrapfen" bekannte Liebling der Massen heißt hier **bacherner Knu(d)n.**

In den geheimnisvollen Nächten der Vorweihnachtszeit gab es früher im Innviertel – und nur hier – den Brauch des **Haferlguckens** – ein Orakelbrauch, der als Scherzspiel lebendig geblieben ist: Verschiedene Symbole (ein Ring, ein Kinderlutscher, ein Rosenkranz usw.) werden unter je einem **Haferl** (der Bewohner der oberösterreichischen Hauptstadt sagt **Heferl**) versteckt. Jene Person, die dann in die Stube gerufen wird, hebt ein **Haferl** in die Höhe, und aus dem darunterliegenden Gegenstand wird symbolträchtig auf das Schicksal im kommenden Jahr geschlossen. In anderen Landesteilen wird dieser Brauch übrigens **Hüatlheben** genannt.

Das übliche Requisit des Palmsonntages ist für den Innviertler keineswegs bloß ein **Palmbuschen** oder gar nur ein **Palmbeserl**, sondern ein **Palmbam.** Allerdings wird ihm diese monumentale Bezeichnung zu Recht verpaßt, denn die Palmbäume erreichen oft eine Höhe von 4–5 Meter. Die **Osterfleck** sind als Patenbrote zu Ostern am beliebtesten, im Innviertel jedoch sind **Osterbrezn** – auch **Godnbrezn** genannt –, im oberen Teil des Viertels **Oarbrezn** (Eierbrezeln) der Brauch.

Zum 1. Mai werden bekanntlich allerorten Maibäume aufgestellt. Der Wipfel eines Maibaumes heißt gewöhnlich **Größtling** oder **Größling**, im Mühlviertel auch **Krotzn** oder **Kratzn**, im Innviertel jedoch **Moa-boschn.**

Der Kleinkindern zum Einstellen ihres Plärrens in den Mund gesteckte **Fopper** oder **Luller** heißt **Sutzi**. Mit dem **Tamischen Hansl** kann man nur im Innviertel spielen, denn anderswo heißt er **Wolferl, Baumwolferl, Tranl** oder einfach „Kreisel". Und wenn Innviertler gemütlich beisammensitzen, im Wirtshaus oder im **Hoangoatn**, dann heißt die Unterhaltung **roasln**. Der Liebhaber eines Mädchens ist – auch wenn ihm der Ausdruck nicht gefällt – der **Kunterling**, und kommt es zu einer echten Bauernhochzeit, so übernimmt der **Prograder** das Amt des Hochzeitladers. Über altes Hochzeitsbrauchtum, vom **Hofrechtn** bis zum

Primißführn ließe sich noch manch typischer Innviertler Ausdruck anführen.

Wer die Dialektgeographie über die Grenzen unserer Heimat hinaus kennt, dem wird auffallen, daß sich das Innviertel oft an den Wortschatz des Bayerischen und an den Westösterreichs hält, das übrige Oberösterreich hingegen der ostösterreichischen Sprechweise zuzuordnen ist. Der Ausruf **hau** ist zum Beispiel auch für Bayern und für den Salzburger Flachgau typisch. Wer die Bezeichnungen für die Berufsgruppe der Fleischhauer schon einmal aufmerksam verfolgt hat, dem ist aufgefallen, daß man in Ostösterreich **Fleischhauer,** mundartlich **Fleischhacker,** sagt, im Westen Österreichs (auch in Bayern) hingegen **Metzger.** Besonders interessant ist der Verlauf der Grenze zwischen den beiden Ausdrücken: Von der Donau nahe der Schlögener Schlinge östlich vorbei an den Erhebungen des Sauwaldes, über den Gaiserwald, den Salletwald, das Reschfeld und den Pramwald zum Hausruck hin und seinen Kamm entlang zum Kobernaußerwald, ehe sie sich an der salzburgischen Grenze fortsetzt. Es ist also genau die Grenze zwischen Hausruckviertel und Innviertel, die die Sprachgrenze zum westösterreichischen **Metzger** bildet. Genau dieselbe Linie ist auch Wortgrenze zwischen **Teich** (altmundartlich **Teicht**), im östlichen Österreich und **Weiher** im Westen Österreichs und in Bayern.

Es gibt also eine ganze Reihe von Ausdrücken, in denen sich das Innviertel vom übrigen Oberösterreich unterscheidet – Zeugen der ehemaligen Zugehörigkeit zu Bayern und somit zum Westen des bayerisch-österreichischen Mundartraumes. Diese Mundartwörter sind aber auch ein Beweis für die immer etwas eigenständige Entwicklung eines Grenzlandes, wie es das Innviertel ja seit jeher gewesen ist.

...Da Innviertla Brauch

Über das Wesen und die Eigenart des Innviertels, das aufgrund seiner mehr als zweihundertjährigen Zugehörigkeit zu Österreich heute besonders in den Blickpunkt des Interesses gerückt ist, bestehen sehr bestimmte, meist aber recht schablonenhafte Vorstellungen. Sie sind vielfach so einseitig, daß sie seinem Charakter kaum gerecht werden. Der Innviertler ist seinem Wesen nach – in Mundart, Brauchtum und Lebensauffassung – trotz der Grenzen, die 1779 gezogen wurden, immer noch Niederbayer. Außerdem hat er, auch wenn im Gewerbe oder in der Industrie tätig, in seiner „Art und Weis" noch viel Bäuerliches bewahrt.

Der Innviertler prunkt und protzt mit dem Reichtum seiner Äcker, mit der Pracht seiner Feste, ist dem Musischen und Theatralischen zugetan, neigt aber auch zum Sinnieren, zur Mystik und zum alten Väterglauben. Die oft geäußerte Ansicht, daß er ein Mensch des Barock ist, trifft zweifellos zu. Denn dieser Baustil mit seinen bunten Farben und seinem Himmel voll rundlicher Englein und kraftstrotzender Heiliger entspricht sehr weitgehend seinem Charakter. Der Innviertler hat aber auch ein sehr ausgeprägtes Mißtrauen gegen die Behörden und ihre Verfügungen, vor allem aber gegen die Übernahme von Verpflichtungen, auch wenn sie zu seinem Vorteil ausfallen, denn lieber sagt er siebenmal nein als einmal ja.

Alle diese so widersprüchlichen Charakterzüge sind in den Menschen des Innviertels so sehr verhaftet, daß sie durch äußere Einwirkungen kaum beeinflußt werden können. Weder die landwirtschaftlichen Maschinen, noch Diskotheken, Espressos und Fernsehen, weder Fabriken, noch Kraftwerke, aber auch nicht Gewerkschaften und Parteien können diese Geisteshaltung ändern.

Die Vorliebe der Menschen an Inn und Salzach für das Bunte und Protzende äußert sich in dem auch heute noch lebendigen Brauchtum anläßlich der großen kirchlichen Festtage. Da ist der Kranzl- oder Fronleichnamstag mit seinem feierlichen, in der Pracht der Fahnen und der weißen Mädchen schwelgenden „Umgang" zu den einzelnen „Stationen", den birkengeschmückten Altären.

Im Bauernland Innviertel spielten früher die „Zechen", die Vereinigungen der „Jungherren", also der unverheirateten Bauernsöhne, eine große Rolle. Sie wirkten bei allen Festlichkeiten mit, ehrten das alte Brauchtum und stellten die sprichwörtlich gewordenen Raufer bei Kirchweih und Tanzveranstaltungen. Ihren Übermut ließen sie besonders in den sogenannten „Störnächten" zu Ostern, zu Pfingsten oder am 1. Mai aus. Wer sich mit ihnen nicht gutgestellt hatte, konnte dann allerlei Überraschungen erleben. In nächtlicher Stille wurden seine Fenster und Türen mit „Wiedbündeln" zugeschichtet oder alle möglichen Gegenstände wie Holzschuhe, Körbe und Gabeln, Radlböcke, Sensen und Blumenkörbe in die höchsten Äste der Obstbäume gehängt. Manchmal stand sogar ein Leiterwagen auf dem First des Stadels oder des Wohnhauses.

Die Vorliebe des Innviertels für Magie und Mystik zeigte sich besonders deutlich in den Bräuchen des Weihnachtskreises. So war in den zwanziger Jahren in der Rieder Gegend noch der Glaube an das „Goldene Rößl" lebendig, das, an die indogermanische Vorstellung von den Sonnenrössern erinnernd, während des Mettenamtes um den Altar reiten sollte. Zusammenhänge mit sehr altem Volksglauben konnte auch das Brauchtum der Rauhnächte nicht verleugnen. Man muß es selbst erlebt haben, wenn die gespenstig maskierten Gestalten der „Vergwandten" durch die hereinbrechende Dämmerung zogen und ihre schrille, mißtönende „Musik" zu hören war, die sie mit Pfannendeckeln, Häfen, Kindertrompeten und anderen Lärminstrumenten erzeugten.

Das Verhältnis der „Ehehalten", der Knechte und Mägde, zu ihrem Dienstherrn war früher wesentlich anders als zwischen dem städtischen Arbeiter und seinem Brotgeber. Die „treue Magd" oder „der brave Knecht" waren keineswegs nur rührselig-kitschige Gestalten aus Heimatromanen. Nicht selten war ein Dienstbote ein ganzes Leben lang auf einem Hof und gehörte wie Kinder und Kindeskinder mit zur Familie.

Freilich gab es auch Ausnahmen wie den oft erbarmungslos von Hof zu Hof geschickten Einleger, der so nur Undank für seine lebenslange Arbeit erntete. Der Dienstbotenwechsel in den „Schlankeltagen" um Lichtmeß war von altem Brauchtum bestimmt. Wenn ein Knecht oder eine Dirn am 6. November, am Tag des hochverehrten Viehheiligen St. Leonhard, nicht gefragt wurde, ob er noch „bleiben" wolle, so war es Zeit, daß er sich durch die „Zubringerin" einen neuen Platz vermitteln ließ. Von seinem neuen Dienstherrn erhielt er ein „Drangeld" und wenn er „einstand" zur Begrüßung eine Eierspeise.

Die hohe Zeit des Bauernjahres war und ist die „Armt", die Ernte. Sie brachte früher die meiste Arbeit – dauerte der Tag doch oft von halb 3 Uhr früh bis 7 Uhr abends –, bescherte aber auch durch die Einbringung der Feldfrucht die Erfüllung von zwölf Monaten unentwegter Tätigkeit. All die vielen Arbeitsgänge, die früher vom „Schnitt" bis zum Drusch des Getreides notwendig waren, erledigt heute der Mähdrescher. Dadurch wurde den vielen Bräuchen, die einst unverzichtbar zur Erntezeit gehörten, die Grundlage entzogen, sodaß sie heute selbst der bäuerlichen Jugend vielfach unbekannt sind. Auf alten Bannungsglauben, durch den die Unholde von den Feldern ferngehalten werden sollten, ging das „Kornfeldbeten" zurück, bei dem jeden Sonntag Bauer und Bäuerin mit den Dienstboten am Abend um die Felder gingen, wobei ein Rosenkranz gebetet wurde. Dieses „Felderbeten", wie es auch genannt wurde, begann am Ostersonntag und endete mit Beginn der Ernte.

Ein feststehender Brauch im Rieder Bezirk war das Erntebier, „Armtbier", das anstelle des sonst üblichen Mostes getrunken wurde. Es wäre undenkbar gewesen, daß bei einem Bauern zur Erntezeit nicht dieses leichte und daher keineswegs sehr wohlschmeckende Getränk auf den Tisch gekommen wäre.

Viel hielt der lebensfrohe Innviertler gerade zur „Armt" auf ein gutes Essen. Besonders abends wurde mehr als reichlich aufgedeckt. Da gab es zuerst eine Nudelsuppe und dann ein braunes Getränk, das als Kaffee bezeichnet wurde. Dazu aß man eine lange Folge von Mehlspeisen, wie den „Schlägl", den überaus fetten „Gebackenen Grieß", die bekannten „Zwetschkenpofesen", die großen Krapfen gleichenden „Küchel", die „Gebackenen Mäuse" und die Polsterzipf. Man mußte schon einen guten Magen haben, um all diese fetttriefenden, sehr sättigenden Mehlspeisen verdrücken zu können.

Völlig verschwunden sind natürlich die alten Bräuche der Erntezeit. Wer weiß heute noch von dem „Spielmanna aufbindn"? Mit diesem Brauch wurde ein ungenauer Mäher verspottet, indem man die von ihm nicht abgemähten Halme zusammenband, sodaß sie aufrecht stehen blieben. Vergessen ist auch das sogenannte „Kapellenbauen", ein Spottwort für den Fahrer, der ein „Fadl" (einen beladenen Erntewagen) umfallen ließ.

Die übermütige Lebensfreude des Innviertlers zeigte sich besonders beim „Bärnschneiden", einem in den dreißiger Jahren noch allgemein geübten Brauch. War nämlich die Mahd einer Getreidesorte beendet, so strichen die Mäher unter wildem Juchzen mit dem Wetzstein über den Rücken der Sense. Das weithin hörbare metallische Schrillen verkündete den Nachbarn, daß man mit dem Schnitt einer Getreidesorte fertig war. Rollte das letzte „Fadl" mit Weizen oder Gerste voll-beladen durch das Tor, so juchzte die Dirn, die „gefaßt" (die Garben gleichmäßig auf dem Wagen verteilt) hatte, hellauf.

Und am Abend gab es das „Weizen- oder Gerstenbier". Wenn man mehr als reichlich gegessen und getrunken hatte, ließen sich die „Mannaleit" und die „Menscher" durch die Klänge einer Ziehharmonika nur allzu leicht zu einem Walzer oder Landler verleiten.

Oft kam es zu allerlei Spielen, wie zum Beispiel „Haggeln", „Faustschieben" oder „Rangeln", bei denen die größere Kraft siegte. Geschicklichkeitsbewerbe wurden ebenfalls ausgetragen wie „Stock-schlagen", „Fuchs durchs Loch treiben" oder „Wespen abschlagen". Manchmal holte man auch den Wiesbaum aus dem Stadel und die „Kleehifelstecken", die kurzen Holzstöcke, die in die Löcher der langen Stangen, der „Kleehifeln", gesteckt wurden, an denen man den Klee aufhing. Zwei Buben nahmen den Wiesbaum auf die Schultern, Bauer und Dienstboten schlugen mit den „Kleehifelstecken" im gleichen Takt auf ihn. Das hölzerne Klappern war weithin zu hören und wurde „Wiesbamdreschen" genannt. Manchmal zog man mit dieser hölzernen „Musik" zum Nachbarn, wo dann meist wieder getrunken und oft auch getanzt wurde. Gerade bei diesen heute erloschenen Erntebräuchen konnte man den Innviertler in all seiner barocken Lebensfreude und seinem nur schwer zu bändigenden Überschwang kennenlernen.

Im Sauwald lebt noch die „Habergoaß"

Der Vorabend des Nikolaustages läßt in manchen abgeschiedenen Landgegenden wie etwa im inneren Sauwald die einstige Vielgestaltigkeit der uraltem Volksglauben entsprungenen Maskenbräuche ahnen – Maskenbräuche, die sich in ständiger Wiederholung durch die einst geschlossene Julzeit, die jetzt in einzelne Heiligenfeste aufgelöst ist, hinzogen. Fast überall, auch in den Städten, sind die Aufzüge des Nikolaus und seiner bepelzten Begleiter schon lange zu einem harmlosen Scherz abgesunken. Im „hintern Wald" jedoch umwittert diese Gestalten zum Teil noch die Ahnung um die Unholde der Vorzeit. Hier wandern in den Masken, unausgesprochen, aber vielen Innviertlern noch im Unterbewußtsein nahe, die Übersinnlichen, die Götter, die Toten, die Ahnen über die schneebedeckte Erde, Fluch und Segen mit gerechten Händen in die Häuser tragend. In jene Häuser, deren Winkel und Ecken wie von einem früheren Leben her vertraut erscheinen.

Überall im Land begegnet man dem allerdings erst seit einigen Jahrzehnten bekannten „Bischof". Dieser befragt die Kinder, rügt oder belohnt sie. Umgeben ist er von einer mehr oder weniger großen Schar teuflischer Gestalten, pelzvermummt oder bloß geschwärzt, die mit Hörnern, Ruten, Ketten und Glocken ausgerüstet sind und „Kramperl" oder „Nigl" heißen. Einst war die Ausstattung und Benennung dieses abenteuerlichen Gefolges im Innviertel erheblich reicher. Da liefen noch der bärtige „Klaubauf" mit, der „Leutfresser" mit Schweins- oder Stierkopf und die in ihren unerschöpflichen Abwandlungen durch immer neue Formen verblüffende „Habergoaß". In nur wenigen Orten findet man noch die ganze, oft geradezu ungeheure Urtümlichkeit dieser Aufzüge erhalten. Nicht so figurenreich, doch schöner und noch ein bißchen erfüllt von der dunklen Kraft eines wahrhaft mythischen Geschehens, vollzieht sich der Einzug des „Midloo" im Sauwaldort St. Roman. Hier ist die uralte Tradition dieses Jahresbrauchtums noch vollständig erhalten.

Längst schon ist ihr vielstimmiger Ruf und der Klang der kleinen Glocken durch den dunklen Abend gedrungen, ehe sie endlich, furchtbar und gewaltig, wie ein kaum faßbares Ereignis, auf dem „Totenweg", heranziehen. Sie halten drohend vor den Höfen, bis mit einem Schlag die Haustür auffliegt und sich ihre unheimliche Schar in dumpfem Gewühl, raschelnd, schlürfend und tappend über das Ziegelpflaster in das Vorhaus hineinschiebt. In der Stube ist die Spannung kaum mehr zu ertragen, das Lärmen verstummt plötzlich, die Stubentür springt weit auf und lautlos treten die ersten „Verlarvten" in das Zimmer: der heilige Nikolaus, der „Bischof", in seinem noch ganz neuen Ornat und mit seinem bändergschmückten Stab, das abstoßend häßliche „Körblweibl", dessen kannibalisches Antlitz kaum über den großen Buckelkorb emporragt, aus dem ein paar Kinderbeine baumeln. Unter einer unförmigen Plache kniet die „Habergoaß", bald kleiner, bald größer werdend, armlos, beinlos, kopflos – und dahinter, hochaufgereckt, im schwarzen Mantel, mit Mähergebärde unablässig wortlos seine Sichel schwingend, steht der „Tod".

Schon ist der Bischof bis zum Tisch vorgeschritten, um den sich die Familie des Bauern versammelt. Ruhig beginnt er die Kinder auszufragen und aus dem Korb des Körbelweibes, das vor ihm kniet, die Geschenke auszuteilen. Da tritt mit raschen Schritten, gleichsam wahrhaftig, die Gruppe der „Schönen", die Himmlischen, die Helfenden und Schützenden, durch die Tür – zehn, zwölf ganz in Weiß gekleidete Gestalten. In ihren hohen, fast bis zur Stubendecke reichenden Spitzmützen mit bunten Quasten und Bändern sind sie den Darstellern der „Tänzer" in den Innviertler Maschkererzügen, manchem „Schimmelreiter" und den Salzkammergut-„Glöcknern" ebenso verwandt wie der schönen „Lussi", die in Schweden die lichtertragende Luzia-Braut begleitet. Einer von ihnen trägt in Erinnerung an die Bräuche mit der Martinirute unter dem Arm ein Bündel Ruten, die aus je einem Dreisproß geflochten und von den Bauern das Jahr über als Viehschutz aufbewahrt werden: der „Garchentrager", der in jedem Hofe einen dieser Zweige als Heilgabe zurückläßt.

Aber auch die pelzgewandeten „Wilden" sind nun im Vorhaus nicht mehr aufzuhalten. Langsam, einer nach dem anderen, schieben sie sich in die Stube, um sich an der hinteren Zimmerwand aufzustellen: der „Große Teufel", der von dem mit Schellenkranz, Lederschurz und Schürhaken ausgerüsteteten „Kleinen Teufel" sowie vom „Teufelweiser" an einer großen Kette gezügelt wird. Und die „Hunderl", denen sich früher noch „Stiere" und „Wölfe" zugesellten. Kaum hat der Bischof sich vom Tisch weggewendet und kehren die „Schönen" sich, um ihm zu folgen, stürzt auch schon jeder des unheimlichen, pelzvermummten Volks auf sein Opfer: auf die Mädchen, um sie „abzurußigen", auf die Kinder, um ihnen die Gaben wieder aus der Hand zu reißen. Ungehört geht im Lärm des aufregenden Gerassels und Geknirsches der Ketten, dem Geklingel kleiner Schellen, dem Toben, Brüllen, Bellen, Miauen, Grunzen, Wiehern und Meckern jeder Angstruf unter, bis endlich der „Bischof" winkt und zögernd, widerwillig, noch immer nach Mägden greifend und bleckend, auch die teuflischen Gestalten sich schlapfend und polternd zurückziehen.
Ähnlich unheimlich war früher der Thomastag. Zwar „treibt" nach einem alten Lostagsspruch auch heute noch der „Thomerl mit dem Hammer den Tag auseinand", wird also der Tag des hl. Thomas, der kürzeste des Jahres, als echte Sonnenwende aufgefaßt, mit der das junge Licht zurückkehrt. Im alten Brauchtum jedoch bildete er weniger den Anfang eines neuen Abschnittes als vielmehr eine machtvolle Verstärkung der Mittwinterrieten, die sich in der Zeit der sehr langen „Hinternächte ohne Zwischennächte" zu gesteigerter Kraft entfalteten. Seit jeher gilt gerade die Zeit zwischen den Jahren als hochbedeutsam. Der Mensch ist dem alten Jahr kaum mehr verhaftet und von dem neuen noch nicht in Schutz genommen. So sieht er sich der Welt der übersinnlichen Kräfte preisgegeben, die ihm nun begegnen.
Unzählig sind im Leben der indogermanischen Völker die Bräuche, mit denen man sich anschickt, um die Jahreswende die geahnte Wiederkehr der längst verstorbenen, der verehrten und gefürchteten Ahnen und der Götter festlich zu begehen. Für kurze Stunden steht dann dem Menschen auch der Einblick in die Zukunft offen.

Er vermag zu erkennen, wie sich Fruchtbarkeit und Mißwuchs, Glück oder Heimsuchung in seinem unmittelbaren Bereich vorbereiten.

Es ist daher kein Wunder, wenn sich in dieser Zeit die Formen des Los- und Orakelbrauchtums häufen. Wenn wir immer wieder von Begegnungen mit Gespenstern, armen Seelen, himmlischen und dunklen Gestalten überirdischer Herkunft hören. In der Darstellung dieser einziehenden Toten und Träger des Lichts und der Fruchtbarkeit, wie auch ihrer dämonischen Gegenspieler, hat nahezu das gesamte Mitwinterbrauchtum ihren Ursprung – im unablässigen Bestreben des Menschen, sich des irdischen Glücks für das kommende neue Jahr zu versichern.

Bild Seite 65
Passauer Wald: Herb und romantisch gibt sich die Landschaft im Unteren Innviertel, dem Sauwald.

Bild Seite 66
Ibmer Moos: Die zahlreichen Moose im Vorfeld der Alpen prägen auch das Obere Innviertel.

Bild Seite 67
Neuburger- und Sauwald: Von den Höhen des Kreuzberges geht der Blick über das Engtal des Inn hinweg zum ehemaligen Stift Vornbach.

Bild Seite 68
Kobernaußerwald: An klaren Tagen grüßen und locken die Firnfelder des Dachsteingletschers bis zu den Höhen des Kobernaußerwaldes in der Schmolln.

Bild Seite 69
Diersbach: Charakteristischer Kirchweiler, eingebettet in die typische Kulturlandschaft des Unteren Innviertels.

Bild Seite 70, oben
Schwerttänzer in Taufkirchen: Altbairisches Brauchtum hat sich im Innviertel oft unverfälschter erhalten als anderswo.

Bild Seite 70, unten
Aspach: Aus den weichen Fluren des Oberen Innviertels ragt der kugelige Doppelzwiebelhelm der einst von St. Nikola bei Passau betreuten Pfarrkirche.

Bild Seite 71, oben
Brauereigespann: Schwere Rosse waren stets der Stolz der Niederbayern, nicht einspännig, nein vierspännig gefahren und das noch in einem solch prächtigen Schwäbischen Geschirr.

Bild Seite 71, unten
Innviertler Landler beim Kirtag in Esternberg. Die Innviertler sind fröhlich und feiern gern.

Bild Seite 72
Pram: Frühling in einem Kirchweiler

Das fromme Innviertel

Bereits der erste erwähnte Bayernkönig Garibald (um 555), muß Christ gewesen sein, wenn er, wie mit Grund anzunehmen ist, aus dem fränkisch-christlichen Hochadel stammte. Außerdem war das Christentum bereits in den römischen Provinzen Rätien und Noricum verbreitet. Mag davon auch beim Abzug der römischen Verwaltung um 480 und im starken Zuzug neuer germanischer Einwanderer manches verloren gegangen sein, so kann das Land, auch das Innviertel, als ein von Beginn an christliches Land angesehen werden.

Christliche Frömmigkeit, volkstümlich mit viel Vorchristlichem untermischt, hat Bayern und das Innviertel entscheidend bis ins 20. Jahrhundert geprägt. Zahlreiche Brünndlkapellen erheben sich über sprudelnden Quellen, oft in versteckten Gräben und weitab abseits der Dörfer, so manches Baumbild oder einsame Wegkreuz ist Frömmigkeitszeuge abseits der bunt ausgestalteten Dorfkirchen.

Die ersten Mittelpunkte kirchlichen Lebens deckten sich mit den ersten Regierungssitzen bayerischer Verwaltung: Regensburg, Freising, Salzburg und Passau. Im Schnittfeld der beiden letzteren lag das heutige Innviertel.

Wesentliche Träger christlicher Kultur und Gesellschaft waren die Mönchsgemeinschaften in den Klöstern. St. Emmeran in Regensburg, St. Peter in Salzburg, Mattsee, Traunkirchen, Innichen, Kremsmünster. Ihre Leitbilder, meist bald zu Heiligen erhoben, waren die Franken Martin und Kilian, die fränkisch-bayerischen Heiligen Emmeram, Korbinian, Rupert und Valentin, später auch die Kirchenheiligen Mauritius und Quirin, nicht zuletzt die großen politischen Führergestalten der Frühzeit: Karl, Wenzel und Stefan.

739 erreichte der päpstliche Legat Bonifatius die Erhebung Bayerns zu einer eigenen Kirchenprovinz, die von den vier

Bischofssitzen in Regensburg, Freising, Passau und Salzburg getragen wurde. Jedes der Bistümer hatte seine besondere Missionsaufgabe zu erfüllen: Regensburg über den Nordwald hinweg nach Böhmen hinein, Passau die Donau abwärts bis nach Ungarn und Salzburg in Richtung Südosten. Während sich zu Prag bereits 973 mit Unterstützung von Bischof Wolfgang von Regensburg ein eigenes Bistum bildete und von Regensburg abspaltete, hat Passau sein Bistum, das größte Deutschlands, bis in das 18. Jahrhundert unversehrt beibehalten können.

Von 739 bis 1779 gehörten ganz Ostbayern und das Innviertel noch bis zum Jahre 1785 dem Bistum Passau an, bis dann die neuen Bistümer St. Pölten und Linz installiert wurden. Eine Ausnahme bildeten nur Hochburg und Ostermiething, sie zählten als Pfarren zum Erzbistum Salzburg.

Um das Jahr 1300 teilte sich das Bistum Passau in zwei Generalvikariate, „Ob der Enns" mit Sitz Passau und „Unter der Enns" mit Sitz Wien, eine Zweiteilung, die eine bis um 1800 bestehende besonders enge Verbindung von Passau mit dem heutigen Oberösterreich erklärt.

Das Zeitalter der Reformation hinterließ in Niederbayern keine so gewaltsamen Spuren wie im benachbarten Österreich. Daß der Innviertler nach wie vor seinen Stolz so gerne zur Schau trägt, seine Streitlust, vor allem in den Waldgebieten des Innviertels, im Norden und Süden, anerkannt ungebrochen bis ins 20. Jahrundert anhielt und er heute noch gerne auf den benachbarten „Landler" vom „Land ob der Enns" herunterblickt, mag auf die ungeschmälerte Selbstbehauptung in allen Zeitläuften zurückzuführen sein. Im Gegensatz dazu verloren die aufständischen Bauern zwischen Hausruck und Enns im Bauernkrieg Tausende ihrer Söhne, sowohl auf den Schlachtfeldern als auch durch Emigration und Deportation. Der überlebende und zurückgebliebene Teil der Landessöhne Oberösterreichs mag damals das Ducken und Anpassen als Überlebensprinzip angenommen haben.

„Ös Landla, ös Bandla, ös Nudldrucka,
wånn d'Innviertla kemman, miaßt's åwirucka."
(Innviertler Gstanzl)

Seit dem Mittelalter waren insgesamt siebzehn Klöster im
Raum zwischen Salzburg und dem Böhmerwald, Ortenburg
und dem Hausruck in Landwirtschaft, Wissenschaft und neben
den Pfarren auch in der Seelsorge tätig. Das älteste davon,
das „kaiserliche Stift und Jungfrauenkloster" Niedernburg,
um 750 entstanden, besetzte die wichtige Landzunge zwischen
Inn und Donau in Passau. Im Alter folgen die beiden Chorherrenstifte Ranshofen (899–1811) und Suben (1070–1787), das
Benediktinerstift Vornbach (1010–1803), die Chorherrenstifte
St. Nikola (1090–1803) und Reichersberg (1081), die salzburgische Zisterze Raitenhaslach (1110 –1803) und die österreichische Zisterze Engelszell (1293–1786) sowie das Kollegiatstift
Passau-St. Salvator (1479–1806), um nur die neun an Salzach,
Inn und Donau einst wirkenden Klöster aufzuzählen. Ein
ertragreicher Boden für den Klerus oder ein gottesfürchtiges
Völklein? Oder gar eine große Anzahl gewitzter Sünder, die für
ihren Platz im Himmelreich ansparen mußten?
Lediglich die ortenburgischen Ländereien um Mattighofen
und die Stadt Braunau machten die mitteleuropäische Reform-
bewegung mit. Der beharrend-pragmatische Menschenschlag
der Bayern, zufrieden mit seinen Einkünften und seinem
Regiment, wich aller Auseinandersetzung mit der neuen Zeit
eher aus - und fuhr damit gut, wie sich zeigte. Auf daß der
Innkreis auch weiter gut christkatholisch bliebe, wurden in den
Hauptorten Landshut (1610–1802), Burghausen (1618),
Wasserburg (1622), Braunau (1624–1784), Schärding (1630–
1784), Mühldorf (1639) und Ried (1641–1784) vor allem Nieder-
lassungen des Kapuzinerordens gegründet. Nach Burghausen
kamen zusätzlich 1629 die Jesuiten (bis 1773).

Straßen, Märkte, Siedlungskerne

Die Siedlungen Ostbayerns und somit des Innviertels verraten in ihren Namen sehr oft ihre ungefähre Entstehungszeit. Der ältesten bayerischen Besiedlungswelle gehören die vermutlich nach dem Siedlungsbegründer oder Inhaber bezeichneten Orte an, als Namensgeber erwiesen sich etwa Sighart, Ezzo oder Eckwolf, Richer oder Skardo: Sigharting, Eitzing, Eggersham, Reichersberg oder Schärding.

Etwas seltener wird auch die manchmal markante Lage des Ortes zu seiner Benennung herangezogen: im Tal, beim Brünnl, an der Ache oder unter der Bergkoppe: Talheim, Brüning, Aham, Kopfing, Wanghausen.

Auf einen fränkischen Königshof – oft an der Stelle einer römischen Villa – deuten Ranshofen, Mattighofen und Osterhofen hin.

Geben Namen auf -heim oder -ham, -stätt oder -stetten, -haus und -hausen nur einen Hinweis auf Wohnbauten, so decken die auf -kirchen endenden Ortsnamen eine frühe kirchliche Pfarrorganisation auf, die der ersten Besiedlungs- und Rodungswelle als übergeordnetes Betreuungsnetz folgte: Taufkirchen, Neukirchen, Taiskirchen, Mauerkirchen. Diese Orte sind auch oft nur in Kurzform nach dem jeweiligen Kirchenpatron benannt: St. Peter am Hart, St. Willibald, St. Radegund, Valentinshaft, Gilgenberg (von Georg).

Als nach der Vergabe der guten und bereits früher bewirtschafteten Talböden der Siedlungsboden rar wurde, ging es an die gemeinschaftliche Ausrodung von Flächen innerhalb der bis dahin nicht angegriffenen Waldgebiete. Es entstanden Orte mit auf -dorf endenden Namen: Pischelsdorf, Uttendorf, Hörmannsdorf.

Walchen – Straßwalchen – deutet auf noch angetroffene „wälsche" (welsche) Siedlergruppen provinzrömischer Herkunft und zeugt damit von den vielfach überlagerten Kultur-schichten einer typisch mitteleuropäischen Landschaft.

Im Gegensatz zu leichten Hanglagen im welligen, voralpinen Hügelland, die den Orten Mörschwang, Eberschwang, Weng oder Pyrawang den Namen gaben, erinnern -reit, -schlag, -schwand oder -gschwand an die letzte und mühsame Rodungstätigkeit abseits der zu eng gewordenen Talfluren.

Die Flur- und Siedlungsnamen des Innviertels spiegeln die kelto-römische und bairisch-fränkische Geschichte dieses Landes und die Herkunft seiner Bewohner deutlich wider.

In verkehrsgünstiger Lage fanden sich zu kleineren und größe-ren Weilern bald weitere Gebäude, etwa Kirchen, bildeten Kirchweiler, dann Haufendörfer.

Die bedeutendsten Verkehrswege des Mittelalters waren in Niederbayern Salzach und Inn, die den Säumerverkehr über die Alpenpässe auf den Wasserweg umlenkten und rasch zur Donau brachten.

Am Übergang des alten Verkehrsweges von Regensburg nach Wien über den Inn bildete sich der Überfuhr- und Markt-ort Schärding, von dem aus drei Straßen nach Osten, das Pramtal aufwärts nach Wels, das Inntal aufwärts nach Altheim und Braunau sowie ins Donautal hinüber nach Eferding und Linz führten. Eine landesfürstliche Burg sollte in Verbin-dung mit einer starken Stadtbefestigung den wichtigen Über-gang schützen. Möglicherweise wurde der vor Zeiten vornbachische Ansitz zu Schärding von Herzog Leopold VII. von Österreich um 1200 zu einer steinernen Burg um- und ausgebaut.

An jener Stelle, an der die wichtige Straße von Regensburg in das Mondseeland den Inn überquert, halbwegs zwischen den Alpen und dem Granithochland, wurde Braunau nach 1260 am östlichen Ufer gegründet, besonders befestigt und mit allen städtischen Rechten ausgestattet. Gleichzeitig wurde hier unter Herzog Heinrich XIII. die damals einzige Innbrücke geschlagen. Schärding wie Braunau besitzen heute als einst wichtige Handelsplätze jeweils einen der charakteristischen süddeutschen Stadtplätze.

Charakteristisch für das weite, verkehrsfreudige und ertragsreiche Bauernland Ostbayerns sind die in allen Städten und Märkten anzutreffenden, großen und repräsentativen Marktplätze, meist von einer stattlichen Abfolge bunter Putzfassaden eingesäumt. Sicherlich von begabten Organisatoren und Städtebauern ausgesteckt, sind sie eben nicht nur Zufall, sondern bewußt gestaltete Siedlungskerne mit bedeutender überörtlicher Funktion.

Es sind dies Plätze, an denen das Vieh zusammengetrieben werden konnte, bevor der Handel begann, hier konnten die Kaufleute ihr Fuhrwerk abstellen, ihre Buden aufstellen und Landprodukte und Venedigerwaren feilbieten, hier konnte sich die politisch-soziale „Landschaft" in Aufzügen selbst darstellen, konnte Gerichtstage abhalten, Turniere und Hinrichtungen durchführen und Prozessionen eindrucksvoll gestaltet werden. Die süddeutsche Lust an der Selbstdarstellung, die Lust zum Schauen und Gesehenwerden, und das gesunde Selbstbewußtsein, in einem weiten Land auch auf weiten Plätzen aufzutreten, trafen im Ursprung dieser Plätze zusammen.

Zur Gestaltung dieser Platzgeviere – durchwegs aus Siedlungserweiterungen oder Stadtgründungen des 12. Jahrhunderts hervorgegangen – gehört vorweg die hervorragende Situierung der städtischen oder landesfürstlichen Verwaltungsbauten und die dezente Ausklammerung kirchlicher Bezirke, die sich durchwegs abseits dieser Platzräume befinden. Eine Abstufung von den wichtigsten Behördensitzen abwärts, ein Hervortreten öffentlich wichtiger Objekte in den Platzraum hinein, eine Einbindung von Toren und Türmen in den architektonisch gestalteten Raum ist abzulesen. Straubing, Plattling und Deggendorf besitzen die größten dieser Plätze. Im Innviertel sind es die Städte Braunau und Schärding, Mattighofen, Ried und die Märkte Obernberg und Mauerkirchen.

Klassisch dessen Erscheinungbild in Braunau: kerzengerade

von der um 1260 errichteten Innbrücke weg, mit 35 Metern Breite, 300 Meter bis zum Salzburger Torturm am alten Stadtgraben verlaufend.

Der Stadtplatz in Schärding ist durch das felsige Gelände bedingt, vom Wassertor steil ansteigend und sich verbreiternd, nördlich und östlich dem Burgfelsen vorgelagert, bis zum etwa 200 Meter entfernten Linzertor reichend. Die erst 1310 weiter oberhalb errichtete „Innbruck" brachte hier eine völlige Umorientierung des städtischen Straßennetzes, was zu einem etwas verwirrenden Stadtgrundriß mit vielen malerischen Situationen führte.

Ist in Braunau noch deutlich der spätgotische Haus- und Stadtcharakter spürbar, so besticht Schärding durch sein fröhlich-spätbarockes Äußeres, dessen Pflege und Wiederherstellung einem beachtlich frühen Erkennen von Stadtbild-Qualität zu danken ist.

Ein Marktort mit frühem Stadtcharakter ist die landesfürstliche Siedlung Ried im Innkreis, weit gegen den Hausruck vorgeschoben, mit drei platzartigen Straßenräumen wie auch mit ihren Häusern klar als Beispiel der Salzach-Inn-Stadtbaukunst erkennbar.

Einen abgezirkelt rechteckigen Marktplatz kann das hoch über dem Innufer thronende Obernberg vorweisen, durchwegs mit Dreiecksgiebeln und einigen sehr bedeutenden spätbarocken Stuckfassaden ausgestattet. Einen besonders schönen Platzraum besitzt noch Mattighofen, lange Zeit bambergischer Vorort und an der im Mittealter stark belebten Pilgerstraße nach St. Wolfgang gelegen. Mauerkirchen, an der Straßenverbindung zwischen Mattigtal und Altheim, verfügt über einen langen schmalen Straßenplatz, den Oberen und Unteren Markt; das einst ebenfalls bambergische Uttendorf über einen kleinräumigen, aber schön geschlossenen Marktplatz. Der Ort Altheim zeichnet sich durch einen einfachen, kurzen Straßenplatz zwischen Ach-Brücke und der Straßengabel Ried-Obernberg aus.

Braunau

Die Stadt Braunau liegt weithin sichtbar auf einer flachen Terrasse über der Mündung der Enknach in den Inn. Noch immer bildet der spätgotisch und spätbarock ausgeformte Turm der Stephanskirche, einer der höchsten weit und breit, den Mittelpunkt der sich ausbreitenden Stadtsiedlung, die heute rund 18.000 Menschen beherbergt.

Braunau ging aus einem winzigen befestigten Brückenkopf hervor, den Herzog Heinrich XIII. von Niederbayern 1260 rund um die gut einhundert Jahre ältere Stephanskapelle anlegen ließ: Befestigung in den Auseinandersetzungen mit dem österreichisch-steirischen Herzog Ottokar.

Im tapferen Widerstand gegen die Österreicher hat sich die treu-wittelsbachische Stadt für ihr Stadtwappen von grünen Blattranken eine Vermehrung um die bayerischen weiß-blauen Rauten und den goldenen pfälzischen Löwen verdient.

Kaum war die Innbrücke geschlagen, begann sich auch schon eine Marktsiedlung zu entwickeln, für die in der zweiten Hälfte des 13. Jahrhunderts der auch heute noch eindrucksvolle Platz ausgesteckt wurde. Die herzogliche Verwaltung wurde von Ranshofen hierher verlegt, die erweiterte Siedlung mit einem eindrucksvollen, noch erhaltenen Stadtgraben umhegt und hundert Jahre nach dem Brückenschlag zur Stadt erhoben.

Die Schiffahrt und Flößerei auf dem Inn und auch der Straßenhandel brachten der Stadt und ihren Bürgern bald großen Reichtum. Bis heute hat sich die spätgotische Prägung der Stadt in Grund- und Aufriß, in Straßenzügen und Bürgerhäusern, deutlich ablesbar erhalten.

Der Grundstein zu dem bedeutenden Stephansmünster wurde 1439 gelegt. Einen wesentlichen Anteil am Bau hatte der Burghausener Meister Hans Krumenauer. Das Münster der einst fünftreichsten Stadt Bayerns ist die weitum bedeutendste

Staffelkirche mit drei gewaltigen Kirchenschiffen unter einem Dach – das mittlere größer und breiter als die beiden äußeren. Innen wie außen ist St. Stephan mit wertvollen Kunstwerken wie geschnitzten Altären und Kirchenstühlen, kunstvoll geschmiedeten Gittern, einer gediegen gemeißelten Steinkanzel und zahllosen Grabdenkmälern bestückt. Das schönste aber ist der hohe, „geriefelte" steinerne Turm, dessen Bau man erst 1492 einige Fuß abseits der Kirche begonnen hatte.

Schon 1417 war der Grundstein zu dem großzügig-repräsentativen Spital der wohlhabenden Bürgerschaft gelegt worden, wenn auch die zugehörige, voreinst zweischiffige Tuffsteinkirche mit dem nadelspitzen Turm erst zwischen 1430 und 1469 vollendet und eingerichtet werden konnte.

Die dritte der Braunauer Kirchen, die Martinskirche, wurde nach 1497 errichtet. Im Dämmerlicht ihrer dreischiffigen Krypta findet sich heute eine würdige Kriegergedächtnisstätte.

Der Bedeutung der reichen und strategisch wichtigen Stadt Braunau entsprechend, mußten die Befestigungen laufend verbessert werden. Im 15. Jahrhundert wurden die beiden Vorstädte in den Mauerring miteinbezogen, weshalb heute der ehemalige Ranshofener Torturm mit Stadtgraben und Brücke inmitten des historischen Stadtkernes steckt.

1540 – wiederum von fremden Truppen berannt – ließen Herzog Maximilian I. und Kurfürst Ferdinand Maria Braunau zu einer stolzen, sternförmig angelegten Festung nach modernstem, italienischem bzw. niederländischem Vorbild ausbauen – mit spitzwinkeligen Bastionen und kurzen Kurtinen, dies unter der Leitung des Graubündener Festungsbaumeisters Tobia de Andersi und der Aufsicht des Münchener Hofbaumeisters Enrico Zucalli. Das Werk wurde 1678 mit dem Wassertor gekrönt, einem mächtigen Wehrbau mit festlich-repräsentativer Gestaltung, der, bis heute unersetzlich, bereits 1882 abgebrochen wurde. Seitdem läßt der Stadtplatz seinen architektonischen Abschluß vermissen.

Schon 1704 und dann wieder 1742, in den verschiedenen Erb-
folgekriegen, mußte sich die Festung Braunau behaupten.
Ein katastrophaler Stadtbrand fegte erst 1874 rund 100 Häuser
in der Altstadt und damit viel zierliches Detail und so ziemlich
alle gotischen Giebel aus dem Stadtbild hinweg. Eines
der wenigen erhaltenen gotischen Handwerkerhäuser birgt
heute noch eine rußschwarze Glockengießerei. Sie zu erhalten
stellten sich die Braunauer Bürger zur Aufgabe, richteten dort
ein Heimathaus ein, sammelten und konnten – wesentlich
bereichert um die Sammlung des verdienstvollen Heimat-
forschers Eduard Kriechbaum – bis heute auch noch die viel
größere spätgotische „Herzogsburg" mit ihren Schätzen füllen.
Dieser herzogliche „Kasten" steckt mitten drin in der letzten
gotischen Giebelreihe, die sich steil über der Enknach als
„Stadtkrone" Braunaus erhalten hat.
Ebenfalls aus dem Mittelalter stammen noch die beiden Bad-
häuser, über der Erde oftmals umgebaut, aber in ihren gewölbten
Kellern so urtümlich erhalten – klein, winkelig, rußig und
speckig mit Ausgußrinnen und Nischen für die Zuber und
Feuerstellen zum Anheizen der Badstuben – Zeugen mittelalterlichen Lebens, Leidens und Spaßens.
Das Braunauer Gewerbeviertel jener Zeit hat sich enknach-
aufwärts mit Mühlen und Wehranlagen angesiedelt. Zwischen
den wasserumspülten Fundamenten alter Wasserräder ist der
zwar mehrfach erneuerte, aber immer noch eindrucksvolle Bau
eines Betriebsgebäudes erhalten, der aus der herzoglich-privi-
legierten Papiermühle von 1520 hervorgegangen ist.
Aus der frühen Neuzeit treffen wir stattliche Bürgerhäuser mit
kleinen Erkern zum belebten Stadtplatz heraus, mit Gewölben
zu ebener Erde, tiefen Kellern, steilen, langen Stiegen nach
oben und kassettierten oder stukkierten Decken in den Ober-
geschossen. Die malerischen Hoflauben am Gnändingerhaus,
weiß und ocker geputzt, schauen über den grünen Stadtgraben auf den schmalen städtischen Wasserturm hinaus.
Im ehemaligen kurfürstlichen Magazinstadel von 1674 ist heu-

te die städtische Musikschule eingezogen, in die frühbarocke Kapuzinerkirche das Stadttheater. Dahinter schließen schon wieder Obstgärten an. In die Nischen der alten Kapuzinermauer legt sich die Sonne wie eh und je und läßt an den Spalieren Marillen und Weintrauben reifen.

Bestandteil des reizvollen städtebaulichen Ensembles der Ranshofener bzw. Salzburger Vorstadt ist ein ansehnliches, breites Haus mit behäbigem Maueranzug, das Millionen von Schulkindern zwischen 1933 und 1945 in Wort und Bild bekannt gemacht wurde. Das Haus kann wirklich nichts dafür, daß es im Frühjahr 1889 unter anderem auch als Heimstatt für den österreichischen Zollbeamten Alois Hitler und seine Gattin diente, die am 20. April einem kleinen Buben das Leben schenkte. Nach den historischen Erfahrungen des 20. Jahrhunderts schwankt das Verhältnis der Braunauer und ihrer Gäste zu diesem Privathaus zwischen Sensationslust und Abkehr, Gleichgültigkeit und Frust: Emotionen im Widerstreit mit trockenen Sachverhalten.

Im früher weit vor der Stadt gelegenen Gut Osternberg – heute in ein aus Glas und Beton aufgeführtes Schulzentrum integriert – lebte und wirkte der bedeutende Pionier der Volkskunde, der Maler und Sammler Hugo von Preen.

Auch das noch weiter entfernt liegende Ranshofen gehört mit Stift und Aluminiumwerk heute zum Stadtgebiet. Die zugehörige große Werkssiedlung stellt eine Gartenstadt von besonderem städtebaulichen Reiz dar.

Schärding

Die Stadt Schärding entstand ebenso wie Ranshofen aus einem Wirtschaftshof – angelegt kurz vor dem Eintritt des Innflusses in das Engtal zwischen Neuburger Wald und Passauer Wald, auf einem Geländesporn zwischen Inn und Prammündung.

Auf dem äußersten, am weitesten vorgeschobenen Granitfelsen des Sauwaldes stand die mächtige Burg der Grafen von Formbach, die von dort oben den ganzen Rottgau, die Wasserstraße Inn und die Landwege durch Rott- und Pramtal gut überblicken konnten.

1310 wurde knapp oberhalb des Burgfelsens eine Brücke über den wilden Inn geschlagen, über die eine herzogliche Salzstraße unter Umgehung der passauischen Mautstellen quer über den Sauwald auf Hafner – jetzt Obernzell – an der Donau zu führte.

Im 15. Jahrhundert wurde die Stadt im Vorfeld der Burg erweitert und durch einen Mauerring mit Toren und einem breiten Graben befestigt.

Der Reichtum der schön erhaltenen Stadt beruhte vor allem auf dem Salz- und Holzhandel. Auch Tuffstein und Salzburger Marmor, Holz- und Venedigerware wurden auf dem Fluß transportiert. Die am schönsten gelegene Häuserzeile am Stadtplatz, Wohnsitz der angesehensten Kaufmanns- und Bürgerfamilien, heute mit barocken, geschweiften Giebeln geschmückt, ist als „Silberzeile" ein bekanntes Beispiel der innstädtischen Bauweise. Schärdinger Granit, Schärdinger Milch- und Käseprodukte und Schärdinger Bier haben der attraktiven Stadt landesweites Ansehen verliehen.

Nach der Übergabe Schärdings von Bayern an Österreich ließ man die einst stolze Burg verfallen und verkaufte Mauern und Gräben. Im einzig und allein erhaltenen äußeren Burgtor harrt heute ein reizvolles Heimatmuseum seiner Besucher.

An der Stadtseite des Wassertores am Innufer reichen die Hochwassermarken, angebracht seit dem Mittelalter, bis in schaurige Höhen. Am Nachmittag kommt die Sonne übers Wasser, von Neuhaus herüber. Dann gleißt der Strom unter der vielfach geknickten altertümlichen Steinbrücke im Gegenlicht, brechen sich murmelnd die grünen Wellen an der Lände ...

Schön ist es auch, an einem sonnigen Tag die prächtige, bunte „Silberzeile" entlangzuschlendern, in den üppigen Wasserschwall des Christophorusbrunnens zu blinzeln und sich von der steten Geschäftigkeit auf dem spitzwinkelig zusammenlaufenden, zum Inn hinunterhängenden Platz treiben zu lassen. In den meist krummen Nebenstraßen ist alles beschaulich ruhig, zahlreiche Wirtshäuser laden in ihre urig-gemütlichen Gewölbe oder in ihre schattigen Kastaniengärten ein. Die grenznahen Auslagen bieten alles, was aus Österreich auf den westeuropäischen, kapitalträchtigen Markt drängt: Kaffee, Wein, Butter, Rum, Schokolade, Antiquitäten.

An der hochaufragenden Pfarrkirche entlang verläuft die alte Friedhofsmauer, heute malerischer Hintergrund für eine Sammlung schön geschmiedeter und nun verwaister, biedermeierlicher Grabkreuze. Hinter der Mauer befindet sich der tiefe Stadtgraben, der noch durchgehend erhalten ist, mit Mauern und Türmen zum Schutz der Stadt. An der Südseite der Stadtmauer, auf den Gartenflächen des ehemaligen Kapuzinerklosters, das eine eigene, vorgeschobene Bastei besetzte, steht das hübsche Glas- und Gartenhaus des alten Bräuers Georg Wieninger, Ausgangspunkt neuer Ideen für die Landwirtschaft in Mitteleuropa.

Am oberen Ende des Platzes erheben sich Turm und Druchfahrt des Linzer Tores, vor dem sich heute die geschäftige Vorstadt aufbaut. Die bunten Fensterläden lassen den grimmigen Ernst des vielfach umkämpften Bollwerks, vor dessen Schußfeld sich heute ein hohes Brauhaus aufbaut, nicht mehr spüren. Und manchmal hängt da ein gewisser Malzgeruch in der Luft, der einem Durst und Hunger macht ...

Ried im Innkreis

„Bayerisch Ried" war zuerst Herrschaftssitz mit zugehörigem Dorf, das aufgrund seiner grenznahen Lage sowohl als „fester Platz" als auch als Marktplatz und Landgericht diente. Sooft es ging, brachen in Kriegszeiten die Österreicher aus dem nahegelegenen Hausruckwald hervor und machten Befestigung, Markt, Siedlung und Bewohner nieder: König Ottokar 1266, Herzog Friedrich der Schöne 1307 und Herzog Rudolf der Stifter 1364. Erst der Landfrieden von 1379 brachte Ruhe und langsam wachsenden Wohlstand. Leinenweberei und Leinwandhandel nach Italien verhalfen dann den bayerischen Markt Ried zu Ansehen. 1626 sammelten sich hier die kaiserlichen Truppen gegen die letzten aufständischen Bauern im nahen Österreich ob der Enns. Um diese Zeit kam auch als Flüchtling aus Oberbayern ein gewisser Hans Schwanthaler in die Stadt, dessen Nachkommen in sieben Generationen begabte und bekannte Bildhauer stellten und Stadt und Umland bekannt werden ließen.

Nach der Abtretung des Innviertels durch Bayern wurde das zentral gelegene und österreichnahe Ried zum Kreisvorort des Innkreises und blieb dies auch nach 1809 unter französischer Provinzialverwaltung. Am 12. Oktober 1813, wenige Tage vor der Entscheidungsschlacht von Leipzig, trat Bayern im Rieder Vertrag gerade noch rechtzeitig von der französischen auf die deutsche Seite über.

Der immer landwirtschaftlich ausgerichtete Marktort Ried mit Wochenmärkten und Viehversteigerungen wie dem bekannten Roßmarkt, mit Sägemühlen und Brauhäusern, Gerbereien, Lederfabriken und Ziegelbrennereien, kann bis heute neben anderen jeden Herbst eine erfolgreiche Landwirtschaftsmesse abhalten. Ried beherbergt auch die lange Zeit größte Schifabrik der Welt.

In dem 1857 zur Stadt erhobenen Ried lebte auch der bedeutendste bayerisch-österreichische Mundartdichter Franz Stelzhamer (1802–1874), zeitlebens ein Grenzgänger.

„A Östreicher bin i
aus'n Östreicher Land,
dås is zwår koa Unglück,
åba do is'a Schånd."

Den Kern der Stadt bildet ein reizvoller Stadtplatz, der durch das mehrfach umgestaltete und vorspringende Rathaus in einen oberen und unteren Platz geteilt wird. Auf einem weiteren Platz liegt die geräumige Pfarrkirche mit traditionell rot geputztem Turm und Zwiebelhaube, in deren Seitenkapellen mehrere ausgezeichnete Arbeiten der Schwanthaler-Familie, aber auch des Malers Wilhelm Dachauer und des Bildhauers Josef Furthner zu bewundern sind.

Außen rundum gehend, erinnern den Besucher zahlreiche schöne Stein-Epitaphien an den ehemaligen Kirchhof. Nahe der Westseite der Kirche findet man das kleine und unscheinbare Schwanthalerhaus, durch vier Bildnis-Medaillons gekennzeichnet, nahe der Ostseite das reich ausgestattete Innviertler Volkskundehaus mit bedeutenden Schätzen, auf der reichen Volkskundesammlung des Pfarrers Johann Veichtlbauer aufgebaut.

Eindrucksvoll der baumdurchsetzte, von gemauerten Gruftarkaden eingesäumte Friedhof, ein Werk des bedeutenden Innviertler Architekten und Dombaumeisters von Freiburg im Breisgau Raimund Jeblinger. Die zweifärbig-rote Klinkerfassade und die bunt glasierten Dachziegel schimmern geheimnisvoll im leichten Regen des Spätherbstes, wenn die zahllosen Lichter auf den geschmückten Gräbern flackern: In schützender Umfriedung wahrt der stille Totengarten seine Würde.

Ranshofen

Unter den vielen fränkischen Königshöfen im bayerischen Land war der Ranteshof, über römischen und agilolfingischen Mauern errichtet und schon 788 erstmals genannt, wohl einer der bedeutendsten in Bayern. König Arnulf von Kärnten ließ eine bessere Pfalzkapelle errichten und letztlich 899 Pfalz und Kapelle einer Priestergemeinschaft übergeben. Von Kaiser Heinrich III. bestätigt, wird dieser geistlich geführte Großbetrieb im Jahre 1125 durch Herzog Heinrich den Schwarzen in ein Augustiner-Chorherrenstift umgewandelt.

Kaiser, Herzog und 16 Bischöfe erschienen zur Kirchweihe von 1135. So bedeutend war Ranteshova.

1211 gelang es dem Stift Ranshofen, sich von der bislang passauischen Vorherrschaft zu lösen. 1345 schenkte Kaiser Ludwig der Bayer dem Stift auch das Dorf Ranshofen unterhalb und die niedere Gerichtsbarkeit in dieser Hofmark, womit der Grund zu einem glänzenden wirtschaftlichen Aufstieg gelegt war.

1242 wurde das Kloster jedoch durch passauische Soldaten aus Obernberg niedergebrannt, 1266 ein weiteres Mal geplündert und 1504 im Landshuter Erbfolgekrieg nochmals zerstört.

Daraufhin wurde 1503–1515 die Stiftskirche neu gebaut, wozu die ehemalige Pfalz, besser deren Ruinen, abgerissen werden mußten. Nur die alte spätgotische Rosenkranzkapelle wurde in den Neubau integriert.

Mitten in diesen Wirren des 13. Jahrhunderts entstand im Umfeld des Klosters die erste Alltagsgeschichte der deutschen Literatur. Sie erzählt weder Sagen noch Bibelgeschichten, sondern das erschütternde Schicksal zweier junger Geschwister, die aus bäuerischem Übermut ihren Lebenskreis verlassen, um einen vermeintlichen gesellschaftlichen und materiellen Aufstieg mitzumachen – beide gehen zugrunde. „Meier

Helmbrecht" nannte der (Stifts?)-Gärtner Wernher seine im Innviertel spielende Geschichte.

Ab 1614 begann der Neubau der Stiftsgebäude und der Prälatur. Zum achthundertjährigen Stiftsjubiläum unter Abt Ivo Kurzbauer (1699) wurde die Kirche durchgehend im Geist der triumphierenden Gegenreformation barockisiert. 1742, 1805 und 1809 plünderten einmal österreichische, einmal bayerische, württembergische und französische Truppen das Stift, das zunächst 1810 von Frankreich aufgehoben, ab 1811 vom Königreich Bayern „abgewickelt" wurde.

Nacheinander erwarben 1812 die Grafen Montjoie-Frohberg, 1839 Hofrat Bernhard, 1851 die Familie Wertheimer, 1939 die Aluminiumwerke Töging und 1941 die Stadt Braunau die ehemaligen Stiftsgebäude, jeweils in einem sich weiter und weiter verschlechternden Zustand. Abbrüche sollten dabei die zu erhaltende Bausubstanz verringern.

Die einst fest in die Stiftstrakte eingebundene Kirche, der nach Westen zu eine weitere große Kirche zum heiligen Erzengel Michael vorgelagert war, steht heute fast frei, einsam über der Geländekante zum Enknach- und Inntal.

Vom Inn her weithin sichtbar ist der um 1620 errichtete Turm mit seiner einfachen Blechspitze von 1863, an den sich die runde Musikempore der Kirche anlehnt, gleich neben dem gewaltigen Walmdach des Gotteshauses.

Der außen fast schmucklos-plumpe Bau birgt einen überschwenglich ausgestatteten barocken Innenraum.

Die gotischen Gewölbe sind durch Abschlagen der Rippen, Einfügen von Gurten und Stuckdekoration zu einer hohen Stichkappentonne, bedeckt mit über hundert bunten Wandbildern, umgeformt. Der einstige Dreiachtel-Schluß des Chorgewölbes wurde durchschlagen und öffnet sich seit etwa 1650 in einem achteckigen, durchfensterten Tambour nach oben. Zartgraue Akanthusranken und Fruchtgebinde vor goldgelbem Grund ordnen und verwirren den Festraum in einem. Je drei theatralisch-kulissenartig beiderseits vor die Langhauspfeiler gestellte goldene Rankengewirre, deren Haupt- und Oberbilder in gedunkelter Ölmalerei auf den Betrachter niederblicken, weisen erst zusammen mit den feierlich aufgebauten gläsernen Reliquienschreinen auf ihre Aufgabe als Altäre hin. Aus dem goldenen Gewirr der Akanthusranken lugen zahlreiche Puttis, leicht und fröhlich, erheben sich immer wieder rund dreißig Heiligenfiguren.

Am Ende dieser Perspektive zum Hochaltar hin sieht man die ebenfalls über und über plastisch mit Fruchtgehängen und Akanthusblättern überzogene Kanzel, aus einem achteckigen Korb mit gewundenen Säulchen und verkröpften Gesimschen hochgezogen. Der mächtige, turbanartig überladene Schalldeckel machte sicher aus dem geringsten aller Prediger eine Hauptperson des Hochamtes.

Den lichtüberschütteten Hintergrund zu all dem feierlichen Gepränge bildet der raumfüllende Hochaltar. Ein Doppelpaar gewundener, mit Akanthusblättern umwundener bunter Säulen trägt beiderseits des Altarbildes „Enthauptung des heiligen Pankraz" das schwere Gebälk, das im Auszug den Altarunterbau wiederholt und bis in die Tambourkuppel reicht. Fünfzehn größere und kleinere Engel und Heiligenfiguren bevölkern alle Lücken zwischen Schreiner- und Baumeisterarchitektur und müssen den naiven Betrachter aus der Barockzeit maßlos verwirrt haben.

In schwarz-silberner Strenge, gar nicht recht in den bunteren Raum von 1699 passend, präsentiert sich das ebenfalls reichgeschnitzte Chorgestühl. Die aufgesetzten Wappen zitieren die lange Stiftsgeschichte im Spiegel der Politik.

Zum schaurig-schönen Erlebnisraum Kirche gehörten wohl auch die beiderseits des Tabernakels angordneten, prunkvoll gestickten Reliquientafeln. Mit einem Griff waren sie zu wenden und es starrten dem Gläubigen schreckliche Martyrien und Totenschädel entgegen. Heil oder Verdammnis – es bedurfte nur einer kurzen Wendung!

Die Politik war es dann, die dem Stift mit allen seinen Schätzen und Reliquien und übervollen Sakristeien und goldenen Gerätschaften den Garaus machte.

1798 wurde die dreihundert Jahre zuvor errichtete Pfarrkirche St. Michael zu Ranshofen samt ihrem erst achtzig Jahre alten Turm unmittelbar neben dem schönen Karner von 1337 stehend, vom österreichischen Militär abgebrochen und das Material zum Ausbau eines Pulvermagazins für die Festung Braunau bestimmt. Die Glocken wurden in Kanonen umgegossen!

Ranshofen war der erste große Unterkunfts- und Verpflegungsplatz nahe der Innbrücke in Braunau. Die ständigen Einquartierungen brachten Krankheiten aller Art in das Kloster und seine Hofmark und kosteten ständiges Tagegeld. Von Dezember 1800 bis April 1801 weilten tausende Soldaten der kaiserlich-französischen Armee in Ranshofen und aßen das Stift arm. 1804 zogen tausend Mann kaiserlich-österreichisches Militär hier durch. 1805 lagerten hier 55.000 Mann kaiserlich-russischen Militärs. Und nicht nur die Soldaten – mit ihnen kamen immer auch tausende Pferde. Im Oktober 1805 zogen nach Kämpfen im Ortsgebiet wieder die Franzosen ein. Und ständig ging es so weiter, machten immer neuen Truppen Platz.

Durch Napoleon wurden immer neue Kontributionen ausgeschrieben. Nach dem Tod des letzten Probstes Johann Nepomuk wurde das Stift gar dreieinhalb Tage zur Plünderung freigegeben und dann beschlagnahmt, zuletzt ein Lazarett darin errichtet.

Nach dem Anschluß des Innviertels an Frankreich am 1. Oktober 1809 wurde im Namen Kaiser Napoleons die Auflösung des Stiftes verkündet und eine Inventurkommission zur Abwicklung der Versteigerungen zusammengestellt; Kunstkabinett und Bibliothek wurden aufgelöst, verbracht, zerstreut. Als im September 1810 das Innviertel wieder an Bayern kam, trat dennoch keine Besserung ein. Das Königreich Bayern setzte die Auflösung fort, und der Adjutant des Königs Max

Joseph, General Johann Max Graf von Montjoie-Frohberg konnte in kürzester Zeit den ganzen etwa 250 Hektar großen Besitz Ranshofen einstecken – für einen Pappenstiel. Für das Abbruchmaterial zweier Konventstrakte und eine acht Hektar große Wiese bekam er beispielsweise rasch wieder 10 Prozent des gesamten Kaufpreises herein.

Die Ranshofener Brunnen stellen schöne Beispiele früher barocker Bildhauerkunst dar: im Prälaturhof, vor dem heutigen Pfarrhaus, steht etwa der marmorne Immaculata-Brunnen mit sechseckigem Granter, Fruchtgehängen an allen Flächen und Pinienzapfen an den Ecken; IPARAL 1697 bezeichnet für „Ivo Praepositus Archidiaconus Ranshoviensis Abbas Lateranensis". Im Konventhof befindet sich der 1991 restaurierte Delphin-Brunnen, ein kreisrundes Becken auf vierseitigem Volutensockel, darinnen drei ineinander verschlungene Delphine, die zusammen eine Muschelschale heben.

Und inmitten des Ortes, vor dem alten Hofrichterhaus, begegnet man einem viereckigen Granter aus rotem und weißem Stein, in der Mitte ragt eine Säule mit mehrfach eingeschnürter Basis, bezeichnet IPARAL MDCLVIII.

Im Prühl der Enknachau versteckt, träumt das malerisch gelegene Pumphaus an den Enknachweihern vor sich hin. Unter dem Pyramidendach duckt sich, solide gegründet, ein renaissancezeitliches wirtschaftsgeschichtliches Denkmal.

Bild Seite 93
Aurolzmünster: Sacht und ungehindert zerfällt langsam die Pracht – Architekturmalerei im Festsaal von 1699.

Bild Seite 94, oben
Zell an der Pram: Das 1760 bis 1774 durch Francois de Cuvillies erbaute Schloß.

Bild Seite 94, unten
Zell an der Pram: Der von Christian Wink mit legendären Liebespaaren 1772 ausgeschmückte Festsaal.

Bild Seite 95, oben
Aurolzmünster: Von Buschwerk und Wassergraben heute schonend verdeckt, der von Kaspar Zuccali und Antonia Riva 1691–1711 errichtete Schloßbau mit dem aus dem Dachgeschoß hervortretenden Festsaal.

Bild Seite 95, unten
Ried: Das in den Stadtplatz vorspringende Rathaus.

Bild Seite 96
Ried: Arkadenhof in einem Bürgerhaus am Stadtplatz.

95

Innviertler Schlösserreise

Zwischen der fürsterzbischöflichen Festung Hohensalzburg im Süden, der kurbayerischen Burg Trausnitz und der fürstbischöflich-passauischen Festung Oberhaus im Norden baute sich sehr bald ein Spannungsfeld zwischen den Interessen der beiden Bischöfe und den Herzögen von Bayern auf. Feste Burgen sollten die Herrschaftsgebiete und damit die Einnahmen für die jeweiligen Fürsten sichern. Ihre Mauern und Baulichkeiten sind zum Teil bis auf unsere Tage erhalten geblieben und stellen reizvolle Zielpunkte für romantische Ausflüge entlang von Salzach, Inn und Donau dar.

Wildshut

Von Salzburg durch den Salzachgau flußabwärts fahrend, traf man das ganze Mittelalter bis ins 18. Jahrhundert herauf mit der rechter Hand gelegenen Burg Wildshut erstmals auf bayerisches Gebiet. Auf einem in die Salzach hinausragenden Umlaufberg gelegen, stellt Wildshut bis heute eine graue, fast unpersönlich wirkende Verwaltungs- und Amtsburg dar, die aber doch mit allen Attributen einer alten, bayerischen Grenzburg gegen die Erzbischöflichen ausgestattet ist: steiler, tiefer Halsgraben, ein vieleckiger, hoher Bau, der gotischen Ringmauer folgend, eine kleine Kapelle im Hof, darum herum ein paar Gewölbe und sonst nur kahle, glatte Räume, sauber, teils unbewohnt und leer. Eines der einst wertvollsten Ausstattungsstücke, ein bunt glasierter Renaissance-Ofen, steht heute im Landesmuseum zu Linz. Vorgelagert dieser Burg befindet sich ein stattlicher Meierhof mit Brauerei und Taverne, somit eine noch komplette mittelalterliche Wirtschaftseinheit, alles halb hinter hohen Bäumen versteckt und fast vergessen.

Tittmoning

Am linken Ufer taucht dann bald das über 600 Jahre alte, einst salzburgische und nicht bayerische Tittmoning mit seiner aus dichten Baumkronen herauslugenden Burg auf: ein mehrfach geknickter, gemauerter Brocken auf schweren Stützpfeilern, vom hohen Schopfwalmdach des Getreidekastens überragt. Heute beherbergt die Burg das Heimathaus des Rupertiwinkels, jenes nördlichsten Teiles des vom heiligen Rupert von Worms begründeten geistlichen Fürstentums Salzburg, der im Laufe der Geschichte mehrmals als willkommenes Faustpfand zwischen Kurbayern, Österreich und dem Fürsterzbistum Salzburg ausgetauscht wurde.

Wanghausen

Am rechten Ufer, dem ehemals königlichen, auch kaiserlichen Weilhartsforst zugehörig, schiebt sich der steile Treppengiebel eines vier Stock hohen, romantisch überformten Hochhauses von 1648 aus den Baumgärten. Unbefestigt, ein rechtes Friedenssymbol, ist der Ansitz jedoch bedeutend älter, war Schauplatz einer Episode des Meier Helmbrecht Epos, Sitz der Herren von Ach, später der Kemater von Ach, immer ein Erholungsdomizil vor den Toren der engbebauten Residenzstadt Burghausen.
In Ach nebenbei hauste der Burghausener Freimann, wurden die unehelichen Kinder geboren, gab es Bader und Schinder, und feierte man in alten Wirtschaften und sicher auch im Schloß Wanghausen ausgelassene Sommerfeste.

Burghausen

Zurück zur Salzach, zum Weg der Salzzillen, Plätten, Aschen, Buchen und Flöße von Hallein herunter. Dem hier zum Teil wild und rasch fließenden Wasser folgend, tauchte voraus, nachdem das Salzburger Land, der sogenannte Pfaffenwinkel, links zurückgeblieben war, als immer wieder und bis heute faszinierendes Schauspiel, der schiffsbugartig entgegenkommende, steil aufragende Bau der Herzogsresidenz Burghausen auf.

Die rund 3000 Fuß (etwa ein Kilometer) lang sich erstreckende Abschnittsburg, auf schmalem Bergrücken oberhalb der gleichnamigen Stadt gelegen, ist bis heute außen und innen sorgsam gepflegt und gut bayerisch verblieben, auch über die Abtretung des einst zugehörigen Innkreises hinweg, die endgültig ja erst 1815 erfolgte. Ein mehrere Gaden hoher Palas mit steilem Dach ragt auf, Türme bestücken die Mauern, und Abschnittsgräben mit hölzernen Brücken darüber unterbrechen die langen Reihen von Zinnen und Schießscharten.

Im Sommer untertags von einem nicht abreißenden Touristenstrom heimgesucht, ruht die mittelalterliche Feste nach dem Schließen der Tore gegen Abend in Einsamkeit. Während unten in der alten Stadt schon die Abendschatten die fröhliche Buntheit der Fassaden abdecken, ist es oben auf dem einsamen Burgweg noch hell, sind die dunklen Mauern noch ins weiche Abendlicht getaucht. Nicht selten, daß vor dem letzten und innersten nägelbeschlagenen Eichentor auf der Holzbrücke zwei abgestellte schnittige Motorräder auf ihre Lenker warten, chromblitzend und aufgezäumt mit Leder, Fransen, Nieten – Faszination der funkelnden Ritterrüstungen in der Gegenwart, malerisches Motiv der Durchdringung von Vergangenheit und Gegenwart, symbolhafter Kontrast und Komposition in einem. Auch in den Waldungen am rechten österreichischen Ufer gegenüber, auf den Schotterterrassen hoch über dem wilden Fluß, sind dort und da versteckte Burgställe aufzufinden und, heute fast vergessen, die eine oder andere Vogeltenne, einst Schauplatz ritterlicher Jagdvergnügen.

Unterhalb von Burghausen trifft die Salzach auf das breite Tal des Inn, und in der wunderschönen Weite ausgedehnter Auwälder finden sich die grünen Wasser der beiden Alpenflüsse.

Ranshofen

Bald tauchen rechts, etwas weiter vom Inn abgerückt, Turm und Dachfirste des ehemaligen „Schlosses" Ranshofen auf. Das vormalige Chorherrenstift war ursprünglich eine bedeutende Pfalz aus der Agilolfingerzeit, in der Kaiser Arnulf schon Ende des 9. Jahrhunderts eine reich ausgestattete Pfalzkapelle erbauen ließ.

Der weitläufige Stiftsbau des 17. Jahrhunderts, säkularisiert von Kaiser Napoleon I. und zuletzt von der Familie Wertheimer bewohnt, wirkt heute abgewohnt, leer, wenig genutzt und etwas verschlafen. Unterhalb der Stiftskirche in der Au steht ein eigentümlicher Bau aus dem 16. oder 17. Jahrhundert, der auf einen Vorgängerbau, eine „Mühle im Prühl" (die bereits 899 genannt wird) zurückgeht. Still zieht wie vor tausend Jahren das fischreiche Gewässer durch die satte, sonnenwarme Enknach-Au.

Osternberg

Bevor noch die Enknach das alte Mühlen- und Gewerbeviertel von Braunau und damit den Inn erreicht, muß sie einen stattlichen Gutshof von beinahe schloßartigem Charakter passieren. Selten geworden sind heute die einst viel häufiger zu findenden jalousien-beflügelten Fenster, die den in sattem Gelb gehaltenen, breit hingelagerten Baukörper – in früheren Jahren halb von wildem Wein überwuchert – schmücken, der sich auch durch das charakteristische, ziegelgedeckte Mansarddach als echtes Herrenhaus eines einst großen Gutes ausweist. Gut Osternberg war die langjährige Wirkungsstätte des Zeichners, Volkskundlers und Mitbegründers der Innviertler Künstlergilde Hugo von Preen. Ihm dankt das Innviertel einen Großteil seiner heimatlichen Erinnerungen, seiner volkstümlichen Überlieferung.

Braunau

Dann taucht der befestigte Brückenkopf Braunau auf, die ganze Stadt selbst wie eine vielgiebelige Burg über dem Flüßchen Enknach thronend. Mitten drin, eingebaut, ein schlichter, unauffälliger, landesfürstlicher Kasten – Herzogsburg genannt. Dieser war niemals eine prächtige Burg gewesen, weil er viel zu nahe am Regierungsmittelpunkt Burghausen lag, der heute jedoch als Regionalmuseum mit Kunstwerken und Erinnerungen mancher Art prächtig gefüllt ist bis oben hin – ein feudales Zeughaus oder ein Zehentkasten, der nun zum kostbaren Schatzkästlein geworden ist.

Hagenau

In den schattigen Auen unterhalb Braunaus taucht dann ein festes Renaissance-Schloß mit stämmigen Rundtürmen an den Ecken auf: Hagenau, das noch einen ganz alten hochmittelalterlichen Wohnturm hinter seinen neuzeitlichen Mauern verbirgt. Der angestaute Inn hat den Park rund um das Schloß in eine flache, verwunschene Insel verwandelt, mit einer verfallenden Kirche inmitten, ein romantisches Eiland in der beschaulichen Ruhe eines Naturschutzgebietes.
Zu allen Jahreszeiten steht nun die von Gundakar Teimer vermutlich nach 1570 errichtete Anlage mit ihrer Südfassade im harten Sonnenlicht, das von der bis an die Terrasse heraufgestauten Wasserfläche der alten Mattig-Bucht, blinkend im Gegenlicht, auf die Architektur reflektiert wird.

Frauenstein

Auf einer weit ins alte Inntal vorragenden, halbinselförmigen Felsnase errichteten vermutlich die Grafen von Pogen auf den Resten möglicherweise keltischer oder auch römischer Mauern eine Burg, die in der Folge im 12. Jahrhundert den Grafen von Ering – deshalb vielleicht Ehrenstein oder

Ernstein genannt – gehörte, denen auch das linksufrige Ernegg zu eigen war.

Nach dem Verkauf der Burg um 1400 an die Frauenhofener wurde diese in Frauenstein umbenannt. 1435 wurde Frauenstein mit seinem gegenüberliegenden Gegenstück Ernegg landesfürstlich, als es Herzog Heinrich der Reiche von Niederbayern käuflich erwarb. Das „mehrerteils zerbrochene" Schloß wurde dann 1508 von Herzog Albrecht IV., dem Weisen, vor allem als Dank für die Unterstützung im Landshuter Erbfolgekrieg, seinem erfolgreichen Kanzler Dr. Peter Paumgartner und dessen Bruder Wolfgang, Mautner von Burghausen, überlassen. Die beiden Brüder und herzoglichen Räte begannen sofort mit dem Ausbau, schöner als je zuvor: Marstall, geräumige Hofanlage, Baukanzlei, Kapelle, Tor und Badstube wurden neu errichtet. Der aus Backsteinen scharfkantig hochgezogene Torbau, keilförmig gegen die Feldseite vorspringend, hat sich bis heute – etwas devastiert – erhalten.

Die kunstsinnigen und baufreudigen Brüder Paumgartner stammten aus einer angesehenen Kufsteiner Bürgerfamilie und waren an den ertragreichen Bergwerken zu Gastein, Rattenberg und Schwaz beteiligt. Für ihren Schloßbau zu Frauenstein machten sie 12 Ziegelöfen auf, beschäftigten viele Handwerker und Roboter aus der Umgebung und Künstler, auch von weither, etwa den Bildhauer Stefan Rottaler oder den Maler Hans Schwab. Sie versuchten auch, ihren Besitz durch Zukauf ständig abzurunden und legten bei Ering/Ernegg einen ansehnlichen Weingarten an. Während des einen Sohn Georg sich von einem Rat zu Burghausen über das Pflegamt zu Braunau und das Kastneramt zu Burghausen bis zum Kammerrat und Hofrat in München hinaufdiente, verwaltete des anderen Sohn Hanns Christoph die Herrschaft Frauenstein.

Als nach 1602 die Familie Paumgartner nur mehr in Ehring wohnte und die landesfürstliche Gunst den bekennenden Protestanten entzogen wurde, begann der langsame, aber stetige Niedergang der einst stattlichen Schloßanlage.

Der steilgiebelige und brüchige ehemalige Troadkasten, interessante Spuren zahlreicher Umbauten wie die Narben kriegerischer Zeitläufte vorweisend, hat dem Verfall bisher ebenso getrotzt wie die Toranlage. Relativ jung hingegen ist das zuletzt als Gastwirtschaft dienende, unbeschwert-biedermeierliche Gebäude von 1807, das etwa an der Stelle des abgetragenen Schloßturmes errichtet wurde. Es vervollständigt mit ein paar herumstehenden Kastanienbäumen die romantische Einsamkeit von Frauenstein. Der aufgestaute Inn hat die felsigen Hänge verschluckt und liegt wie ein See fast bedrohlich nahe am Burghof.

Der Blick geht über die flirrende Wasserfläche ins wäßrige Blau des bayerischen Himmels, bis zu den weißen Firnflecken der Salzburger Alpen im Süden. Der Dammweg bringt heute Schwärme fröhlicher Radfahrer von der einst unzugänglichen Seite ins ansonsten einsame Burggelände herein. Die mit hohen Wiesen bedeckten Wälle und Gräben verweisen schweigend auf ihre einst lebhafte Geschichte. Nur unterirdisch überträgt sich ein leises Summen, das von den Turbinen der Staustufe Ering stammt.

Und weiter geht es nun in die Meier-Helmbrecht-Landschaft hinein, dort und da ein bescheiden-kleines Schlößchen, so wie ein Bauernhof ins Bauernland eingestreut, mehr versteckt als heraustretend: Reste von Wassergräben und Verwallungen, behäbige, walmdachige Wohnhäuser mit riesigen Stuben – rundum kräftige, steinerne Mittelsäulen, ein paar zersprungene, abgetretene Marmorplatten aus den schönsten Salzburger Brüchen, geräumig gewölbte Roßställe und irgendwo abseits noch eine barockisierte Kapelle. Ansitze, auf denen „Frumbheit" und Frömmigkeit noch eine Einheit darstellten.

Namen wie Mining, Sunzing, Mamling, Ering usw. weisen bayerisches Altsiedelland aus. Einst in den Händen des wirtschaftlich gutgestellten Landadels, der das Rückgrat des herzoglichen Heerbannes darstellte und der nicht ohne Übermut in den Alpenpässen Tirols, tief im Süden Italiens, und auf allen Schlachtfeldern Mitteleuropas stets kräftig um sich schlug: Lützlburger und Leonrod, Mamlinger und Sunzinger, Esebeck und Elrechinger, Törring und Tattenbach, Lampoldinger und Lerchenfelder, Traun und Arco, Strachwitz und Lösch.

Mamling

In einem parkartigen Gelände, neben einem riesigen Meierhof und nahe einer kleinen Kapelle mit barockem Dachreiter, liegt ein im Jahre 1910 auf den Fundamenten des ehemaligen Wasserschlosses Mamling errichtetes Herrenhaus mit bescheidener Auffahrt und wiesenbestandenen Grabenresten an der südlichen Gartenseite.

Dieser Bau wurde vom damaligen Eigentümer Zdenko Karl Graf Strachwitz, kaiserlich und königlicher Kämmerer, ehemals Rittmeister im Kürassierregiment Nr. 8 Prinz von Preußen und Malteser-Ehrenritter, errichtet und 1919, nach verlorenem Krieg und Zusammenbruch sowie persönlichen und materiellen Opfern für das Vaterland, verkauft und aufgeteilt. Umbruch des 20. Jahrhunderts!

Damit endete eine fünfhundertjährige Herrschaftsgeschichte. Seit dem 13. Jahrhundert ist die Eigentümerreihe bekannt: Herren von Mamling, Herren von Elreching, Galten von Lapolting, Freiherren von Meggau, Freiherren von Lerchenfeld, Grafen Abensberg und Traun, Grafen Törring-Jettenbach, Baron Bohn, Baron Esebeck, Grafen Strachwitz – bedeutende Namen in einer abgelegenen Ecke des geruhsamen Inn-Landes.

Bild Seite 109
Passau: Die vieltürmige, mittelalterlich geprägte Altstadt im Zusammenfluß von Donau und Innseite, von Legionären, Kaisern und Bischöfen erbaut und als Tor nach Osten genutzt.

Bild Seite 110, oben
Passau: Die zweitürmige Jesuitenkirche St. Michael überragt seit 1612 die bunt gestaltete Innenseite der Altstadt mit dem Scheiblingturm.

Bild Seite 110, unten
Schärding: Das Wassertor von 1427 überwölbt mit seinem flachen Bogen die Straße zum Stadtplatz hinauf.

Bild Seite 111
Braunauer Bürger in Tracht vor der Stephanskirche.

Bild Seite 112
Schärding: Silberzeile wird seit Jahrhunderten dieses repräsentative Häuserensemble am Oberen Stadtplatz genannt.

Dennoch – im Dreißigjährigen Krieg war auch hierher die Kriegsfackel getragen worden, war die alte Wasserburg niedergebrannt und zerstört worden. Freiherr Johann Kaspar von Lerchenfeld, kurbayerischer Kämmerer, hatte später ein neues Wasserschloß auf den alten Grundmauern erbauen lassen. Daneben, zwischen Meier und Schloß, ließ er auch die einst gotische Kapelle von neuem errichten und den gotisch geprägten Raum durch zeitgemäßen Modelstuck und Perlschnüre dekorieren. Die Fenster wurden ebenfalls umgeformt und dem ganzen Bau ein sechseckiger Dachreiter mit Zwiebelhaube aufgesetzt.

Als Altar dient heute noch das unter dem k.u.k. Hauptmann Baron Christian Esebeck 1852 angeschaffte klassizistische Retabel. Dahinter befinden sich Reste von erst 1978 entdeckten Wandmalereien aus dem Mittelalter. Im Kirchenraum geborgen ist heute auch die aus der Erbauungszeit um 1671 stammende Turmuhr.

Unter den in die Wand eingelassenen, bescheidenen Epitaphien springt der Grabstein eines „kayserlichen" Generalmajors, des „Commandant zu Neyheissl, (Oberungarn, heute Slowakei), durch vierzig Jahre kayserlicher Feldobrister, Johann Wilhelm Graff von Abensperg und Traun, gestorben am 15. Jänner 1733", ins Auge.

Über die Felder hin ragt ein kleines, sauber geplantes und gebautes Glashaus (um 1880), das an das jahrhundertelang von den Feudalherren vorgetragene Engagement für die landwirtschaftliche Entwicklung erinnern mag.

Sunzing

Versteckt in den Innauen liegt der alte Ansitz Sunzing, der bereits 904 – lange vor den Ungarneinfällen – als Schenkung durch König Ludwig an Bischof Tuto von Regensburg übergegangen war. Vielleicht hat seinem Haus der geistliche Eigentümer erstmals den Namen Gertraudskirchen verliehen, der bis heute im Volke lebendig blieb. Die Meier auf diesem Ansitz nannten sich jedenfalls stets die Sunzinger. Die kleine Herrschaftskapelle dürfte zur Zeit der Neubauplanungen für den bis dahin hölzernen Stockbau in die nahe Pfarrkirche zu Mining übertragen worden sein. Jedenfalls wurde um 1480 das steinerne Schlößchen errichtet, das 1650 zum „neuen Schloß" erweitert wurde. Nach dem Aussterben der Sunzinger um 1538 war der Besitz an die Familie Puchleiten gelangt, von denen Wolf Sigmund der Bauherr von 1650 war, wie auf der steinernen Inschrifttafel, mit Wappen und Puttis geschmückt, über dem Hofeingang zu lesen ist.

Rissige Gewölbe und ausgetretene hölzerne Stiegen, ausgebrochene Marmorböden und feingeschreinerte Türen stehen da, wie sie die Herrschaft um 1650 errichten ließ. Nur die große, rundgewölbte Durchfahrt ist inzwischen vermauert. Aber die gewölbten Ställe sind noch da, mit schrundigen Konglomerat-Säulen gestützt, und erinnern an die gar nicht so lange zurückliegenden Zeiten, als hier geselliges Wirtshausleben herrschte. Besonders der Frauentag am 15. August war den Zechen der Umgebung Anlaß, die am Rande der Innauen recht einsam gelegene Wirtschaft heimzusuchen. Im ersten Stock erstreckt sich eine lange Reihe einst repräsentativer Wohnräume, durch eine Enfilade bequemer Flügeltüren aufgeschlossen, mit heute meist verwischten, aristokratischen Walzenmustern in strengem Jugendstil ausgemalt. Dort und da ein pummeliger, braun glasierter Kachelofen aus dem Biedermeier und ein Gewirr von Licht- und Schattenstreifen auf dem Boden, wie es durch die charakteristischen, nun auch schon altersschwachen Jalousien vor der Südseite hereingeworfen wird. Alles leer – alles still. Beachtlich auch der steile Walmdachstuhl, eine ganz vorzügliche Zimmermannsarbeit, die möglicherweise noch aus der Erbauungszeit stammt.

Am Osteck hat das kleine Schloß noch ein altertümliches, achteckiges Chörlein aufgepackt. Die geschmiedeten Körbe vor den Fenstern sollen eigentlich nur verhindern, daß die kräftigen Apfelbäume rundum nicht auch noch in die Kammern hineinwachsen.

Dem bescheidenen und von der Zeit gezeichneten, in die verwilderte Natur wieder stark eingebundenen Haus sieht man seine herrschaftliche Vergangenheit als Wasserburg aber kaum mehr an. Dennoch waren seine Eigentümer Freiherren und Mautner zu Burghausen wie Johann Adam von Lützlburg (1683–1697), nicht zuletzt auch als Pfleger zu Schärding angesehene und nicht unbegüterte Leute. 1842 ging Sunzing von der Familie Lützlburg durch Kauf an die Esebeck zu Mamling, dann an die von Strachwitz.

Das Jahr der großen Wende war auch in Sunzing 1919, als die Monarchie zusammengebrochen, der Krieg verloren war. Ebenso verloren waren die einst stolzen Vermögen der Aristokraten. Sunzing wurde geteilt, und es entstanden eine Mühle mit Landwirtschaft und eine vielbesuchte Gastwirtschaft mit großen Kastanienbäumen vor dem Haus. Bis in die siebziger Jahre unseres Jahrhunderts war es in den schönen und heimeligen Gewölben des ehemaligen Schlosses gut zu sitzen und trinken. Erst nach und nach wird mit neuen Eigentümern und Bewohnern wieder eine Instandsetzung und Revitalisierung des malerischen Anwesens möglich werden.

Katzenberg

Groß angelegt ist es, aber heute ganz hinter hohen Baumkronen versteckt: Schloß Katzenberg, ein selbstsicherer, schwarz und weiß geputzter Quader über spitzen, tiefen Grabeneinschnitten zum Innufer hinunter; ein Neubau des 17. Jahrhunderts, mit eleganter, flacher Putzfassade und schattendunklen, dreigeschossigen und dreiseitigen Hofarkaden. Außen ein sich selbst überlassener Park als geheimnisvoller Kontrast zu den weitflächigen Feldern rundherum, die den mächtigen

Wirtschaftsgebäuden zugehören. Nur die Schloßtaverne an der Landstraße verrät dem heute schnellreisenden Besucher die Lage des versteckten Schlosses, wenn er durchs Gittertor der Allee zum Torturm hin folgt. Die hohe Schloßkapelle hat der Graubündner Pietro Canuzzi aus Passau 1680 aufs prächtigste stukkiert.

In den dämmrigen Räumen des oberen Stockwerkes haben heute selten gewordene Kostbarkeiten gediegener böhmischer Buchdrucker- und Buchbinderkunst aus dem Gebetbuch-Verlag Steinbrenner in Winterberg ihre letzte Bleibe nach Krieg und Zerstörung gefunden.

Obernberg

Inn abwärts taucht nun am rechten Ufer oberhalb der alten Lände Urfahr das einst am weitesten gegen Salzburg herauf vorgeschobene Passauer Eigen auf, der befestigte Markt Obernberg. Er wird überragt von den Überresten einer steildachigen, spätgotischen Amtsburg, die alle Metamorphosen über Spätbarock und Neuzeit, klerikale und profane Verwaltung, bis hin zum republikanischen Bezirksgericht und bis zur Anonymität rezenter Baumaßnahmen überdauert hat. Ein freundlicher, weiter Obstgarten umgibt die letzten erhaltenen Gebäude, nur die überlangen, mächtigen Mauerzüge kennzeichnen noch den alten, festen Platz.

Reichersberg
Suben

Weiter dem Inn folgend, thronen nun am Hochufer die burgähnlichen Klosteranlagen, schwere Massen barocken Mauerwerks über frühen romanischen und gotischen Bruchsteinmauern aufgetürmt und undatierbar alten Tuffgewölben in den Kellern. Erst Reichersberg, dann Suben, turmbekrönte Gottesburgen, flußbeherrschend, nah am Ufer, weil sie auf den einst größten und mächtigsten Burgen des Inn-Landes aufgesetzt sind.

Ob diese stattlichen Vermächtnisse der Stifter, als Unterpfand für einen Handel mit dem Himmelreich gedacht, wohl gehalten haben, was sich ihre früheren Eigner versprochen haben? Die Erinnerung an ihre einst ritterlichen Besitzer lebt fort in den Namen, in den Wappen und manchen alten Grabsteinen, die sich demütig und bescheiden die Böden und die Wände der kuttendurchstreiften Gänge bis heute zu teilen haben.

St. Martin

Ein kurzer Abstecher hinauf ins Tal der Antiesen führt zu einem der äußerlich schmucklosesten Schloßbauten des Landes in St. Martin. Mauern, Gartenportale, gepflegte Kieswege und alter Baumbestand verraten aber ein größeres Konzept und aufwendige Wartung. Das Schloß selbst erscheint als ein einfacher Vierkanter, bloß mit üppig dekoriertem Wappengiebel über dem Eingang und sonst glatter Fassade. Im Inneren wird aber reiches Barock geboten: die einfache Raumabfolge auf das prächtigste ausgestattet mit feinem Stuck und einer Reihe gemalter Decken von Johann Eustachius Kendelbacher aus der Zeit um 1700; eine intim-prächtige Schloßkapelle von 1726, lange, steinbelegte Gänge, handwerklich schön gefertigte Türen und Fenster und eine Serie wunderschöner keramischer Öfen – dazu die schönsten Möbelstücke, Teppiche, Bilder und Schmuck. Jedoch alles in allem kein Museum, sondern erfrischend, überraschend und schöpferisch vermengt zu einer Symbiose von altem und modernem Kunstgewerbe: die Handschrift der kunstsinnigen Mitglieder der Familie Arco! Das aufgehende Mauerwerk im Kern des Schlosses hat einst die Behausung für die Schwenter, die Trenbacher und die

Trattenbeck, für die Pinzenauer und Tattenbacher geboten. Hier wurde 1561 der spätere Fürstbischof von Passau, Urban von Trenbach, geboren. Hier flogen bei den Brandkatastrophen von 1626 und 1723 die brennenden Schindeln durch die Luft und setzten dem Mittelalter ein Ende mit Feuerwerk. Noch knappe 100 Jahre konnte sich die Familie Tattenbach am Neubau von 1726 erfreuen. Seit 1821 hat die Familie Arco das Schloß in bester Pflege gehalten und überreich ausstaffiert.

In den Räumen von St. Martin wurde 1945 auch große Geschichte geschrieben, als am 7. Mai die Reste der deutschen Heeresgruppe Süd unter Generaloberst Lothar Rendulic vor den US-ameri-kanischen Truppen kapitulieren mußten, während vor den Fenstern in den sonnigen Koppeln des weiten Parks sich die vor der Kriegsfurie geretteten Lipizzaner aus der Wiener Hofreitschule tummelten.

Aurolzmünster

Einen Abstecher noch weiter flußaufwärts gewagt, um dem einst schönsten Barockschloß weit und breit, einem der bedeu-tendsten hochbarocken Adelssitze in Altbayern und Öster-reich, Referenz zu machen.

Der Münchner Obersthofmeister Ferdinand Franz Albrecht Reichsgraf von der Wahl versuchte hier mitten im schönsten Niederbayern ab 1676 seine Bauerfahrungen im kurfürstlichen Dienst und seine Beziehungen zu den bedeutendsten Architek-ten und Künstlern Bayerns seiner Zeit für ein eigenes repräsen-tatives Bauvorhaben zu nutzen. Unverkennbar trägt dieses die Handschrift des bekannten Münchner Architekten Enrico Zuccali, der sozusagen eine Art römisches Barockpalais ins Untere Innviertel zu verpflanzen versuchte.

Den Vergleich mit den Schlössern Schleißheim und Nymphenburg brauchte das mit Ehrenhof und weitläufigem Marstall, Bedtrakt und einem umgebenden Wassergraben ausgestattete Schloß Aurolzmünster nicht zu scheuen. Der drei Stockwerke hohe und kompakte, von einem steilen Walmdach bedeckte und fünfzehn Fensterachsen breite Baukörper wird mittig von einem hohen Dachaufbau überragt, der den hohen und geräumigen, an Wänden und Decken vollständig von den bedeutenden Münchner Hofmalern Kendelbacher und Wolf ausgemalten Festsaal birgt. Wie von einem „Belvedere" konnte man dereinst von hier auf die weitläufigen Parks und Ökonomien blicken, deren Alleen und Kanäle bis an den Horizont des hügeligen Bauernlandes reichen.

Im Inneren dieser Prachtarchitektur dämmern jedoch verlassene Barockräume, aufgerissene Parkette, eingeschlagene Fenster und blinde Vertäfelungen, herabgestürzter Stuck und große Plätzen im feinbemalten Mörtel. Statt der einstigen Feststiege gähnt heute ein aufgerissenes Loch. Und auch das Ambiente der für ganz Süddeutschland bedeutenden Schloßanlage ist zerstört, die Rasen zerstückelt und verhüttelt – ein Zeugnis breiten Unverständnisses für Kunst und Kultur und auch ein stummes Drama der öffentlichen Hilflosigkeit!

Schärding

Zurück ins Inntal! Gegenüber von Neuhaus erwartet den neugierigen Reisenden der nächste städtische Brückenkopf: Schärding. Erst bei genauer Betrachtung erkennt man hinter Hecken und Gartenhäuschen und über mächtigen Felsen die Substruktionen der kahlen und furchterregenden Mauern einer in den Franzosenkriegen geschliffenen, großartigen Burganlage, ein wehrhaftes, befestigtes Areal, von dem gerade noch das Burgtor heute aufrecht und unter einem roten Ziegeldach stehengeblieben ist.

Der riesige Zwinger, der die Burg von der dahinter angelegten Kaufmannssiedlung trennte, wurde von Herzog Ludwig dem Gebarteten 1428 angelegt. Im Antiquarium der Münchner Residenz ist auf einem der Medaillon-Bilder die vor Zeiten einmal stattliche Festung Schärding zu sehen. Damals bildete noch der schlanke, gotische Bergfried und nicht der Kirchturm den Mittelpunkt der Schärdinger Stadtkrone.

Neuhaus

Gleich unterhalb der Innbrücke am linken Ufer ein hübsch weiß und rosa gestreifter Baublock mit Turm direkt am Wasser: Schloß Neuhaus. Vor der sich im Inn spiegelnden Fassade treibt als granitenes Floß eine kleine Felseninsel, der Kreuzstein.

Vornbach

Auf dem linken Innufer in traumhaft malerischer Lage am südlichen Abfall des Neuburger Forstes gelegen, zeugt das zweitürmige Stifts-Schloß Vornbach wie andere Bauten auch von der künstlerisch so reichen Zeit der ersten Hälfte des 18. Jahrhunderts. 1803 vom Kloster in ein weltliches Schloß verwandelt, blieben Stiftskirche wie „Schloßanlage" bis heute in guten und pfleglichen Händen. Ausmaße und Proportionen von Höfen und Stiegen, Gängen und Sälen sind von einer heiteren, eingängigen Ruhe und Gelassenheit bestimmt. Die Wohnlichkeit dieses Tusculums knapp am Inn, die gepflegten Rasenflächen vor der sonnigen Westfassade ausgebreitet, wird noch durch die teilweise bereits ungemein wertvoll gewordene historistische Ausstattung in Form getäfelter Renaissance- und Barockstuben mit reichkassettierten Decken und gepreßten Ledertapeten, bunten Keramiköfen und kostbarem Mobiliar gesteigert.

Neuburg

Unterhalb Vornbachs fließt der Inn am Johannisfelsen vorbei wieder in einem wildromantischen Engtal. Mitten drin liegt die einstige Herrschaft Neuburg, beide Ufer besetzend, jahrhundertelang habsburgisch und zum Land ob der Enns gezählt, eine Enklave des alten Mühlkreises, ein Vorposten mitten im bayerischen Land und auch ein Grenzpfahl gegen Passau zu.

Auf dem linken Ufer steil über dem hier schluchtartigen Tal ragt die fünftürmige Burganlage in den weißblauen Himmel. Im Kern ist sie ein Beispiel für den Burgenbau des 11. und 12. Jahrhunderts, ebenfalls eine Gründung der Grafen von Formbach, wie vieles hier beiderseits des Inn. Ständiger Zankapfel zwischen Wittelsbach und Habsburg, scheint die Burg bei jedem Besitzwechsel vergrößert und verstärkt worden zu sein. Noch heute schwebt ein drohendes, schweres Fallgatter im inneren Tor über allen Aus- und Eingehenden! Neben den für die Abhaltung kultureller Veranstaltungen adaptierten Burgräumen verdienen es vor allem auch die Reste der großartigen Gartenanlagen mit ihren inkrustierten Grotten und Eremitagen näher beachtet zu werden.

Wernstein

Zu der hoch oben auf steilem Berg gelegenen Neuburg gehörte auch stets der tief unten am anderen rechten Ufer gelegene Brückenkopf Wernstein, ebenfalls eine wehrhafte Burganlage. Lange Zeit ein efeuüberranktes Kloster und ein Ort der Stille und Beschaulichkeit, hat nun dieser Zeuge der Geschichtlichkeit der Landschaft unter einem fröhlich-dynamischen Bauherren wieder mehr burgtypisches Aussehen gewonnen und stellt sich nach Jahrhunderten nachdrücklich als kleiner Partner der Hauptanlage Neuburg am Inn dar. Am Ufer davor erhebt sich seit 1667, vom kaiserlichen Erbschatzmeister, Hofkammer-präsidenten und Vließritter Georg Ludwig Graf Sinzendorf hierher übertragen, die nach dem Vorbild der Münchener (1638) für Wien 1647 angefertigte Mariensäule. Die von Kaiser Ferdinand III. für den Platz Am Hof gelobte steinerne „Patrona Bavariae" mußte 1667 unter Kaiser Leopold I. einer bronzenen Kopie weichen. Sie hat den Machenschaften des korrupten Finanzmanagers, Golddrahtziehers und Münzmeisters aber nicht lange zugesehen: Bereits 1680 war der bigotte Schelm entlarvt, ehr- und besitzlos.

Zwickledt

Schon auf den Höhen des Sauwaldes über dem rechten Innufer liegt der kleine und bescheidene Ansitz Zwickledt, der vor allem als Wohnung und Atelier des eigenwilligen Künstlers Alfred Kubin europaweite Bedeutung gewonnen hat. Das im Bauvolumen einem Bauernhaus nicht unähnliche Gebäude, aber von einem solchen durch einen aufmüpfigen Dachreiter abgehoben, liegt weltabgeschieden, von Wiesen und Obstgär-ten umgeben, zuoberst auf einem halbkugelförmigen Hügel, fast so, wie dies Meister Kubin immer wieder mit raschen Federstrichen ausdrucksstark übersteigernd hingezeichnet hat.

Boiotro

Nun kündigt sich langsam die aufregende Wendung des star-ken Bergstromes Inn von Nord nach Ost unmittelbar in der Dreiflüssestadt Passau selbst an. Am rechten Ufer, mitten im Häuselwerk der Innstadt, erinnert das erst jüngst wieder aus allerlei Mauer- und Mörtelwerk herausgeschälte kleine römi-sche Kastell Boiotro an die Nähe der einstigen römischen Reichsgrenze gegen das barbarische Germanien.

Passau

Gegenüber verkünden Dom und Residenz, auf spätgotischen Mauern und Toren emporragend, sich auftürmend, ein Gebirge aus mittelalterlichen und barocken Mauern, seit Jahrhunderten christlichen Glauben und abendländische Kampfbereitschaft. Sie bildeten den Ausgangspunkt von Gewalt und Güte, einen Brennpunkt abwechselnd von Reichs- und Kirchenpolitik; für Ostlandfahrer waren sie Anfang und letzte Zuflucht, Platz der stolzen Heerschau, Ort des unbändigen Fernwehs und in der Soldatenau-Lagerstatt elenden Siechtums.

Hinter der Silhouette des Domes und der Altstadt jenseits der Donau reckt sich ein noch höherer Felsrücken, den ganzen Tag über in Sonne getaucht, darauf die in Weiß und Ocker strahlende bischöfliche Festung Oberhaus mit ihren leuchtend roten Ziegeldächern. Sie liegt hoch über der Donau, die hier gar nicht so wasserreich aus den niederbayerischen Auen des Dungaues herankommt und sich deutlich von den eiligen und grün-klaren Wassern des Inn und den schwarzen Wassern der aus dem Böhmerwald herunterkommenden Ilz unterscheidet.

Wie ein steinern gemauertes Schiff, das die Fluten teilt, bildet Burg Niederhaus mit ihren altersgrauen Mauern den Spitz zwischen Donau und Ilz. Nicht von ungefähr durchzieht so viel keltisches und römisches, bayerisches und fränkisches, kaiserliches und fürstliches Festungsmauerwerk die für Europa einmalig situierte Stadt. Das fröhlich-barocke Erscheinungsbild von Passau läßt heute leicht vergessen, daß hier die Kreuzzüge, aufgeputscht und kampfentschlossen noch einmal rasteten, die Reichsheere sich sammelten, marodierende Söldner aus- und eingeschifft wurden oder der aus Wien hierher geflohene kaiserliche Hofstaat Schutz und Sieg von „Mariahilf" erflehte.

Durch 250 Jahre, in denen Österreich permanent Krieg gegen die Türken führte, wurden hier Waffen, Munition und Verpflegung für das Heer in Wien oder Preßburg, Raab, Ofen oder Belgrad umgeschlagen. Beim Vollzug der Verwaltung und der Verteidigung des Bistums bis nach Ungarn hinunter mag es wirklich wilder und finsterer zugegangen sein, als es das bunt-barocke Fassadenschachtelwerk der touristisch gut aufgeschlossenen Altstadt verraten will. Entstehung und Erscheinungsbild von Passau sind, was heute leicht übersehen werden kann, engstens mit Österreich, der „Ostmark", und besonders mit dem Land ob der Enns, verbunden. Der Anschluß Passaus 1810 an das Königreich Bayern – und damit die endgültige Abtrennung von seinem eigentlichen Diözesangebiet Österreich – stieß bei den Passauer Zeitgenossen auf Überraschung – auch auf Unverständnis und Ablehnung. Inn, Donau und Ilz, unterhalb der alten Bischofsstadt vereinigt, streben nun konsequent ins Österreichische hinein, indem sie ein tief eingeschnittenes und bewaldetes, schluchtartiges Engtal durchfließen. Der links bis an den Strom heranreichende Böhmerwald, setzt sich rechter Hand als einstiger Passauerwald, kurz Sauwald, fort.

Krempelstein

Auf einem Felsenerker, der aus dem steilen Waldhang hervorspringt und die Straße weit überragt, hockt – spukumwittert – die kleine Burg Krempelstein, aus einem kräftigen Bergfried und einem plumpen Haus zusammengefügt. Vor wenigen Jahren in schauriger Brandnacht ausgeglüht, wie viele Burgen schon seit eh und je, ist sie heute wieder mit mächtigen roten Dächern eingedeckt und wurde noch einmal dem Verfall entrissen. Im Rempter, zuunterst im Turme, schlossen einst Rosenkreuzer ihre geheimen Bündnisse.

Obernzell

Dann am linken Ufer wieder ein Gruß passauisch-fürstlicher Lebensart, mit dem malerischen Schloßkasten von Obernzell, dem alten Hafnerzell, dessen gefragte Hafnerware aus graphitiertem Ton ganz Österreich bis Oberungarn versorgen mußte. Das Schloß von 1581, eigentlich nur ein stattliches gemauertes Haus der Renaissance-Zeit, hat heute donauseits einen Teil seines Zwingergrabens und seiner Mauern durch den Rückstau von Jochenstein verloren. Im Inneren bietet dieses „Haus" bis heute einen guten Eindruck renaissance-zeitlicher Wohnräume und Tafelstuben in unveränderten Dimensionen und mit vielen Ausstattungsdetails. Die appetitlich ausgestellte Hafnerware wird vom Bayerischen National-museum gezeigt.

Vichtenstein

Dort, wo sich rechter Hand erstmals das Donautal etwas erweitert, liegt hoch oben am Talrand die mächtige Burg Vichtenstein, durch Jahrhunderte fast unverändert in ihrer schmucklosen Bescheidenheit, aber auch ausdrucksstarken Wehrhaftigkeit, und beherrscht das Tal. Düster und unheimlich wirkt der einsam stehende, verwitterte Bergfried, hell und freundlich liegen die großen Wohnräume über dem Abgrund. Vichtenstein stellt das Musterbild einer ansehnlichen Burganlage schlechthin dar. Den Zugang sichert ein Torturm, der zum Bergfried hin halboffene Burghof schließt mit einer kleinen Kapelle. Unverändert bis heute auch die Funktion: Familienwohnsitz und Verwaltungsmittelpunkt für die Waldwirtschaft.
Die spitz aus dem Strombett der Donau aufragende Felsklippe Jochenstein bot sich schon immer als unstrittige Grenzmarkierung an. Hier trafen passauische und österreichische Interessen aufeinander. Die Staustufe verwandelte das einst

freie Grenzmal in einen in eine Mole eingemauerten Poller, der
jedoch von einem goldblinkenden Kreuz besetzt ist. Der mächtige Kraftwerksbau zählt zu den architektonisch bedeutendsten Leistungen auf diesem Gebiet.

Rannariedl – Falkenstein – Altenhof

Linker Hand blickt die Burg Rannariedl, auf dem Grat zwischen Donau- und Rannaschlucht aufreitend, etwas hochmü-
tig auf den Fluß- und Uferreisenden herab. Ihr winziger
Arkadenhof, im Sommer wie im Winter schattig, ist zwischen
Palas und rundem Bergfried richtig eingesperrt. In der Rannaschlucht dahinter, im dichtbewaldeten Steilhang versteckt,
ragen die Mauerreste von Falkenstein aus Dornen und Brenn-
nesseln. Überragt wird die traurige Ruine von dem festgefügten,
wappengeschmückten Wasserturm oberhalb, durch dessen
steinerne Wendeltreppe man gebückt die obere Pattform erreichen kann. Hier hat sich der Witigone Zawisch versteckt, der
dann enthauptet wurde, hier hat der Habsburger Albrecht
geraubt und nie mehr herausgegeben.
Auf der Hochfläche über der Schlucht erhebt sich der gelbe
Würfel des Schlosses Altenhof, der das Erbe der Witigonen-
und Falkensteinerburg angetreten hat, dessen Zubehör noch
heute bis an den Kamm des dunklen Böhmerwaldes reicht.

Engelszell

In der nächsten Talweitung rechter Hand begrüßt das in
freundliche Gartenfluren eingebettete Zisterzienserstift
Engelszell wie eh und je den Strom- oder Fahrwegreisenden im
Lande Österreich ob der Enns. In rechter Wallfahrerweise
strömen hier die Scharen der Besucher aus den Schiffen über
den Kai auf die Stiftskirche zu, lassen sich von der Pracht

beeindrucken und legen dankbar ihr Bußgeld in Kräuterli-
kören an, überzeugt von der Wirkung des Besuches auf Seele,
Geist und Körper.

Sigharting

Schloß Sigharting ging aus einem jahrhundertelang in Familien-
besitz befindlichen Wasserschloß hervor, das nach 1570 von
einem hochedlen Herrn Hektor von Ürchling ganz im Stil der
Renaissance mit runden Ecktürmchen und Erkerchen und
einem ländlich-einfachen Laubenhof von Grund auf neu errichtet wurde. Der kräftig-gelbe Würfel, in die tiefste Stelle des
Ortskerns gekollert, dient im Sommer für Ausstellungen und
Künstlerseminare, im Winter nur als exotisch-individueller
Raumabschluß für das seriell konstruierte Gemeindezentrum.

Zell an der Pram

Ebenfalls aus einer Wasserburg hervorgegangen, wie sie
im Alpenvorland so häufig zu finden waren und sind, ist
Schloß Zell an der Pram. Als Eigentum der Grafen Tatten-
bach-Rheinstein wurde es ab 1760 nach Plänen von Francois
des Cuvillies d.J., dem Münchner Hofarchitekten, großzügig erneuert und ausgebaut. Schloß und benachbarte
Pfarrkirche sind wohl als seltenes, ländlich geprägtes En-
semble des Frühklassizismus zu sehen, das dank des uner-
müdlichen Einsatzes der Einwohner dieser Gemeinde nicht
zerstört oder bloß vergessen wurde, sondern – zu einer
Bildungseinrichtung des Landes Oberösterreich aufgewertet –
sich heute schöner präsentiert denn je. Der mit breiten Fuß-
bodenbrettern ausgelegte klassizistische „Rittersaal" wurde
von Christian Wink noch im heitersten Rokokogeschmack
ausgemalt.

Inmitten von Szenen aus dem Landleben und umgeben von klassischen Liebespaaren und Allegorien, verscheucht der heitere Sonnengott Apoll alle bedrohlich-unheilschwangeren Wetterwolken. Dies 1772, unmittelbar nachdem die österreichischen Panduren und Kroaten wieder aus Bayern abgezogen waren, Kurfürst Max Joseph, der aufgeklärte Regent, den Frieden von Füssen erreicht und Rechtspflege, Geschichtsschreibung und Agrarkultur besonders gefördert hatte, eine bayerische Akademie der Wissenschaften gegründet worden war und der Illuminatenorden kirchenfreien Humanismus, Rationalismus, Weltbürgertum und allgemeine Weltverbesserung zu befördern trachtete: Aufklärung ganz ohne Aristokratenmord – der bayerische Weg!

Hart im Geben – hart im Nehmen

Die Geschichte der Innviertler Burschenschaften und Männerbünden reicht schon Jahrhunderte zurück. Die Erziehung des Burschen vom Schulalter bis zur Verheiratung bildete in einer Gesellschaft, in der die Männer unumschränkte Herrscher waren, einen Schwerpunkt, der auf das dörfliche Gemeinwesen in mannigfacher Art ausstrahlte. So lag die Organisation von kirchlichen Festen zumeist in den Händen solcher Vereinigungen. Die zentralen und regionalen Obrigkeiten, die heute im uneingeschränkten Verwaltungsstaat gipfeln, waren in den Status von Beobachtern und Ordnungshütern zurückgedrängt - und die Gemeinwesen funktionierten trotzdem prächtig ...

Die Innviertler „Zeche" stand und steht in Oberösterreich nicht allein da. Ähnliche Vereinigungen gibt es im unteren Traunviertel in der „Rud", im Mühlviertel in der „Bursch" und im oberen Salzkammergut in der „Paß".

In der Blütezeit des Zechenwesens im Innviertel regierte nicht gerade die feine Klinge. Die dörfliche Jugend, autoritär vom „Zechmoasta" (Zechenmeister) geführt und geleitet, war hart im Geben – aber auch hart im Nehmen. Der Phantasie in der Erfindung von gemeingefährlichen Raufwerkzeugen waren keine Grenzen gesetzt, allerdings auch nicht der bewundernswerten Selbstdisziplin, mit der die Raufer einzustecken verstanden ...

Mitte der sechziger Jahre standen vor dem Gericht in Ried drei Burschen aus dem Oberen Innviertel, denen man die Folgen einer Rauferei noch deutlich anmerkte. Der eine war durch einen Schlagring im Gesicht entstellt worden, dem zweiten fehlte das Nasenbein, dem dritten war der Kiefer zertrümmert worden. Eisern, wie die drei waren, suchten sie erst sechs Wochen nach ihrer Auseinandersetzung den Arzt auf. Am ärgsten litt währenddessen der mit dem Kieferbruch. Denn er hatte Nahrung nur mit einem Strohhalm zu sich nehmen können und sich während des Traktorfahrens den gebrochenen Kiefer mit einem Taschentuch zubinden müssen. In den sechs Wochen nahm er rund zwölf Kilo ab ...

Autoren und Kommentatoren, die wohl nicht aus dem Innviertel gewesen sein können, sprachen in Abhandlungen über die dabei eingesetzten Raufwerkzeuge entsetzt von einem „Auswuchs der Volksrohheit" und bezeichneten die primitiven, aber umso wirkungsvolleren Waffen als „Zeugnis für die urwüchsigen und brutalen Kampfinstinkte der Dorfjugend, der aus der Fülle strotzender Gesundheit und Körperkraft so gefährliche und blutige Neigungen entquellen". Man würde es sich zu leicht machen, es bei diesem Urteil bewenden zu lassen, denn die Jugend hat wohl zu allen Zeiten ihre überschüssigen Kräfte abreagiert. Gewandelt hat sich lediglich die Art und Weise. Betrachten nicht viele heutzutage das Moped oder gar das Auto als Waffe der Selbstbestätigung?

Das ländliche Leben, das sich ohne Motorisierung auf engstem und überschaubarem Raum abspielte, mußte geradezu Reaktionen hervorrufen, die man heutzutage als unverständlich abtut. Der Stolz auf den Heimatort, auf seine Zeche, stand nun einmal über allem. Was unter anderem dazu führte, daß man allerorten und jederzeit leicht angerührt und beleidigt war.

Handfeste Auseinandersetzungen zwischen den Zechen wurden meist auch durch Frotzeln vom Zaun gebrochen. Beim „Umisinga" in gereimten Gstanzln warf man einander verbale Grobheiten zu, deren Folge oftmals ein Blutbad war ...

In Senftenbach (Bezirk Ried) war es bis vor dem Zweiten Weltkrieg nicht allzu ratsam, zu einem kernigen Eingeborenen „Senftenbach hint umi" zusagen. Angeblich deshalb, weil die Gemeinde lange Zeit über keine Ortsdurchfahrt verfügte. In Pattigham (Bezirk Ried) tat man gut daran, nicht nach der Uhrzeit zu fragen. Denn dort verfügte man lange Zeit über keine Turmuhr. In der Kobernaußerwald-Gegend kannten sich die Burschen gleich aus, wenn man sie „Wallner Büffeln" beschimpfte. Orte wie Eberschwang, Mehrnbach, Lohnsburg, Waldzell im Bezirk Ried, der ganze Sauwald im Bezirk Schärding, der Bezirk Braunau mit dem Schwerpunkt um Mattighofen und natürlich das legendäre

Kopfing mauserten sich derart zu Zentren der bösen Zechenbuben heraus.

Wie nicht anders zu erwarten, löste das „Mensch", also die holde Weiblichkeit, einen Großteil der Raufereien aus. Wer beim Fensterln erwischt wurde, dem zog man die Leiter weg, um ihn anständig zu „deckeln", also zu verprügeln, so er sich als Zechenfremdling erwies. Das war der Grund, daß gleich ganze Zechen sich wegen „Lebensgefährdung" wieder einmal in den Haaren lagen.

Anlaß zu vielen Rauferein waren Hochzeiten, bei denen die Zechburschen „vollständig", also auch mit ihren Mädchen, vertreten waren. Für jede Gruppe war ein eigener Tisch reserviert, und es war verboten, ein Mädchen einer anderen Zeche zum Tanz zu bitten. Ebenso war es nicht erlaubt, den Zechentanz, einen individuell entwickelten Landler, der aus dem altgermanischen Schreittanz hervorgegangen ist, zu stören. Meist nach 22 Uhr fiel der Startschuß zur Rauferei, weshalb „die Anständigen vor diesem Zeitpunkt die Hochzeit verließen".

Einen mißliebigen Auftakt zur Hochzeit eines Zechenangehörigen gab es im Jahr 1953 in Gilgenberg. Dem Zechenmeister der „Unterörtler" wollten die „Heibinger" den Hochzeitswagen zerstören. Obwohl der Hof, in dem sich der geschmückte Wagen befand, versperrt war, hatten die Haibacher Erfolg. Nicht zuletzt auch deshalb, weil der ansonsten verläßliche Hofhund keinen Laut gab. Fazit der Rauferei: 200.000 Schilling Schaden.

Von den alten Bauern gibt es kaum jemanden, der nicht schon einmal ein Gefängnis von innen gesehen hat. Beim Hofrat Dr. Anton Raschhofer, der bis in die dreißiger Jahre als „Landpfleger von Ranshofen" an Ort und Stelle Recht sprach und auch sofort das Urteil verkündete, war fast jeder einmal gewesen. Trotzdem genoß der Richter hohes Ansehen. Es spielte ja keine Rolle, wenn einer der vielen Söhne auf dem Hofe sich einmal 14 Tage hinter schwedischen Gardinen ausruhte. Selbst jene Männer, denen in der Hitze des Gefechtes ein Totschlag unterlaufen war, lebten nach Abbüßung ihrer Strafe hochangesehen weiter.

Hofrat Raschhofer pilgerte zum Rechtsprechen stets zu Fuß, begleitet vom Jagdhund und bewehrt mit der Flinte. Denn nach der Gerichtssitzung ging's zur Jagd, am Abend ins Wirtshaus zum Kartenspielen – und um Mitternacht zu Fuß nach Braunau zurück. Der Gerichtsschreiber fuhr per Fahrrad, auf dem er auch die Schreibmaschine transportierte, zum Prozeßort.

Auch die bei Raufereien schwer Verletzten traten wieder zu Fuß den Heimweg an: etwa von Handenberg nach Gschwand, leicht behindert durch einen Schädelbasisbruch ...

Dem 1985 im Alter von 88 Jahren verstorbenen Franz Dorfner, in Braunau als „Dorfner Dackel" bekannt, der als Kapitänleutnant auf dem Schiff des Admiral Horthy gedient hatte, waren zeitlebens die Worte des Primarius Scheuba im Ohr, der einmal zu einem schwerverletzten Raufer, der zu Fuß ins Krankenhaus gekommen war, bemerkte: „Du mußt dableiben, du hast ja einen Schädelbasisbruch." Daraufhin der Verletzte: „Und wer soll zu Hause melken?" Der Arzt: „Der Kopf ist beim Innviertler offensichtlich kein wichtiger Körperteil."

Aus dem Jahre 1948 datiert eine der letzten großen Raufereien. Entbrannt ist sie in Braunau beim Preishandeln. Eine Zeche fühlte sich verschaukelt, was die Preisrichter gleich bemerkten und vorsichtshalber das Weite suchten. Trotzdem flogen die Sessel durch die Gegend und ein eiserner traf den Kopf eines Zechburschen. Der Totschläger konnte nie gefunden werden.

Wenn „dicke Luft" sich ankündigte, sammelten die Gendarmen oft die Raufwerkzeuge vor dem Eingang zum Hochzeitswirtshaus ab. Plötzlich tauchten die mit Bleiköpfen beschwerten „Ochsenziemer", in die oft Nägel und Rasierklingen eingearbeitet waren, wieder auf. Denn die „Zechmenscha" hatten sie, unter ihren Röcken versteckt, ins Lokal geschmuggelt.

Die Raufwerkzeuge sind heutzutage schon wissenschaftlich katalogisiert worden. Demnach unterscheidet man:

Totschläger	Stemmeisen
Faustwehren („Bairische Eisen")	Werkzeuge
Reißer	Schlagringe

Im bairischen Stammrecht, der „Lex Baiuvariorum", sind auch die Strafen je nach Schwierigkeitsgrad der Körperverletzung genau angeführt, z.B.: „Beulenschlag" 1 Schilling, „Anfassen" 3 Schilling, „Aderschlag" und Schädelschein" (Sicht auf die Hirnschale) 6 Schilling, „Leibwunde" (Verletzung der Eingeweide) 12 Schilling, „Augenausschlagen, Hand- und Fußabschlagen" 40 Schilling. Demgegenüber ging das „Nasendurchstechen" um nur 9 Schilling her, das „Ohrdurchstechen" konnte man sich schon um drei Schilling leisten.

Daß in den Museen heute eine stattliche Anzahl von illustren Raufwerkzeugen bestaunt werden kann, hat die Nachwelt den eifrigen Gendarmen zu verdanken, die die Waffen konfiszierten. Die Waffen wurden dann nach der Gerichtsverhandlung, wo sie als „corpus delicti" dienten, den Heimathäusern und Museen überlassen. Da steht etwa im Heimathaus in Schärding auf einem am Raufwerkzeug hängenden Zettel zu lesen: „Eine vom Rev.Insp. Lanser einem bayrischen Vaganten abgenommene verbotene Hiebwaffe, 7. Feb. 1924." Oder: „Beim Feuerwehrball in Brunnenthal vom Rayonsinpektor Schmirl und Patrouillenleutnant Brückler angenommenes Raufwerkzeug. 5. Februar 1924." Oberstudienrat Franz Engl, seit 1950 Kustos des Heimathauses: „Die Trümmer werden heute schon privat gesammelt. Für die Museen fällt da nichts mehr ab ..."

Gotik im Innviertel

Ist auch die Siedlungskontinuität des Innviertels von der frühen Hallstattzeit her bis heute nachgewiesen, so konnte doch das von Holzbauten geprägte Bauernland am Inn lange Zeit keine bleibenden Architekturdenkmäler bewahren. Erst die spätgotische Erneuerungs- und Bauwelle, die Backstein und Naturstein einzusetzen begann, verstand es, zum Teil Bleibendes zu schaffen.

So entstanden in kurzer Zeit an der Wende vom 14. zum 15. Jahrhundert allein zwischen Inn und Hausruck über hundert neue Kirchenbauten zum Teil an älteren Standorten. Sind sie auch durchwegs von einfacher äußerer Gestalt, so bestechen sie doch sehr oft durch ihre besondere Lage im Gelände. Die auffallend spitzen Türme, später oft modisch überformt und umgebaut, steigern das äußere Erscheinungsbild sehr selbstbewußt, sicher auch im Sinne der Erbauer.

Vor allem aber im Inneren sind vielgestaltige Raumeinwölbungen mit Sternrippen-Figurationen zu entdecken. Die durchwegs aus leichtem, frisch gesägt noch bequem zu bearbeitendem Tuffstein hergestellten Rippen, die das äußerst fein ausgeklügelte, statische Tragwerk für die Ziegelgewölbe darstellen, bilden aus Rauten zusammengesetzte Sterne, vier- oder sechsteilig, sternähnliche Figuren oder bei Parallelrippenformen ähnliche geometrische Figuren. Besonders bewundernswert die Kreuzungsstellen mit ihren schwierigen Verschnitten, die Verzweigungen aus den Stützen heraus, sie sind durchwegs auch farblich besonders hervorgehoben.

Vielleicht aus der schon uralt-bajuwarischen Kenntnis des Firstständerbaues heraus, vielleicht auch, weil breitere Gottesdiensträume ehedem nicht so leicht einzuwölben waren, gab und gibt es noch eine große Anzahl von schönen zweischiffigen Kirchenräumen, in denen freistehende Mittelstützen das Gewölbe tragen. Besonders eindrucksvoll darunter die im Grundriß fast quadratischen Innenräume mit nur einer einzigen Stütze wie in Eggelsberg, denen sich Zwei- und Dreipfeilerkirchen, etwa Handenberg und St. Florian bei Helpfau, St. Florian am Inn oder Neukirchen an der Enknach anschließen.

Dem barocken Raumempfinden hat der „altertümlich" verstellte Raum mehr und mehr widersprochen. In schwierigen Operationen wurden manche Stützen später daher herausgelöst und die Gewölbe darüber hinweg wieder geschlossen, so etwa in der Bürgerspitalskirche zu Braunau.

Das Beispiel des gewaltigen Kirchenbaues zu Braunau und seiner geschulten Bauhütte, hervorgegangen aus der Bauhütte zu Burghausen, wirkte weit ins Land hinein, und es finden sich fast an allen Kirchen des Innviertels gewisse Ähnlichkeiten oder Verwandtschaften zu diesem Bau. Der wunderschöne Turm von St. Stephan zu Braunau aber blieb in seinem Konzept unnachahmlich. So ist die einfachere Braunauer Spitalskirche Vorbild für die zahlreichen, vom Viereck zum Achteck übergehenden spitzen Türme des Innviertels geworden.

Besondere Leistungen gotischen Kirchenbaues sind auch in den beiden zweigeschossigen Kirchen von St. Martin in Braunau und Haigermoos zu sehen, weiters auch in der dreischiffigen Hallenkirche zu Gilgenberg.

Gotische Profanarchitektur ist am ehesten in den Stadtgrundrissen und Stadtstrukturen von Braunau, Burghausen, Wasserburg und Laufen sowie Schärding anzutreffen, aber auch in den ehemaligen Märkten Ried, Obernberg, Mattighofen, Hafnerzell und Mauerkirchen.

Eines der schönsten regelmäßigen Baukonzepte der Gotik wurde im Bürgerspital zu Braunau verwirklicht, wo Fletz und Spitalsstuben aufwendig gewölbt sind. Ein Besuch lohnt sich! Auch die sogenannte Herzogsburg, eine einfache spätgotische Zweckarchitektur für landesfürstliche Verwaltung, Absteige und Lagerhaus in einem, kann heute als Stadtmuseum, von der neuen Zweckwidmung her wenig gestört, erwandert werden.

Als bescheidene Kopie des Rathauses der Residenzstadt Landshut kann die offene Halle des Rathauses von Mauerkirchen angesehen werden, die seit 1988 wiederhergestellt ist. Die spätgotische Kirchenbauwelle zog eine gleich starke Ausstattungswelle nach sich: kein Altar blieb ohne Holzbildwerke, viele figurenübersäte Schnitzaltäre, Flügelschreine, alles mit aufwendigen Gesprengen ausgestattet.

Offensichtlich hat nur ein kleiner Teil dieser Bildwerke Holzschädlinge wie Käfer und Pilz, Wurm und Schwamm, Feuersbrunst und menschliche Ignoranz überstanden. Michael Pachers Flügelaltar für St. Wolfgang war als eines der bedeutendsten alpenländischen Kunstwerke eine Zierde des Amtes Burghausen. Die herausragendsten vollständigen Kunstwerke sind der Bäckeraltar in der Stephanskirche zu Braunau – ein Flügelaltar von etwa 1500 – und der Flügelaltar in der Filialkirche von Gebertsham am Niedertrumer See von 1520.

Alle anderen Holzkunstwerke der Spätgotik stellen nur mehr Fragmente dar – einige verlorene, übertragene und gerettete, aber auch überschnittene, umgeformte Meisterwerke.

Der schöne, rote Kalkstein aus dem Raum Salzburg, auch als Untersberger Marmor bezeichnet, hat aber für eine größere Anzahl gut erhaltener Bildhauerarbeiten in Stein gesorgt.

Allen voran seien hier die Grabsteine der Tuta in der ehemaligen Stiftskirche zu Suben vom Anfang des 15. Jahrhunderts oder die Grabplatte von Wernher, Dietburga und Gebhard von Reichersberg, entstanden um 1470, angeführt. Zahlreiche Grabplatten entstanden zwischen 1504 und 1527 bei Meister Jörg Gartner zu Passau. Eine noch höhere Anzahl ausgezeichneter Reliefplatten läßt sich niemandem Bestimmten zuordnen – sie wurde offensichtlich in Salzburg oder Straubing und Landshut in Auftrag gegeben und in den Kirchen Niederbayerns und des Innviertels versetzt.

Bedeutende Werke der mittelalterlichen Tafelmalerei befinden sich auf den bereits oben erwähnten beiden Flügelaltären zu

Braunau und Gebertsham. Vier Tafelbilder, letzte Reste des ehemaligen Eggelsberger Hochaltares, sind heute im Oberösterreichischen Landesmuseum in Linz zu finden.

Gotische Baukunst ist ohne malerische Fassung, ohne Wandmalerei, nicht denkbar. Kein Bauteil, der sich bloß in seinem natürlichen Material zeigte. Aller Stein war bunt gefaßt und oft zwei- oder dreifarbig gefugt, jede Steinrippe wurde von Begleitstrichen eingefaßt, Wandfläche und Dienste wurden farblich sehr sorgfältig getrennt, Gewölbesegel mit Ranken übersponnen, Gewölbeschlußsteine herausgehoben, weite Wandflächen mit anschaulichen Legendendarstellungen oder Heiligenversammlungen gefüllt.

Aus dem 14. Jahrhundert stammt die stark beschädigte, erst durch das notwendig gewordene Putzabschlagen aufgefundene und vorläufig konservierte Ausmalung der Filialkirche Pyrawang am Donauufer oberhalb von Engelhartszell. Gut restaurieren ließ sich die Ausmalung des Kapitelsaales von Stift Engelszell. In der St. Anna-Kapelle der Pfarrkirche Ried und in der Ölbergkapelle von Pischelsdorf haben sich Darstellungen des jüngsten Gerichts – leider schon stark beschädigt – erhalten lassen.

Ein ganz besonderes Kapitel profaner Wandmalerei um 1460 stellen die unterhaltsamen Kleinszenen in einem offensichtlich einst als Trinkstübchen eingerichteten Gewölbe des ehemaligen Pfarrhofes in Ostermiething dar. Vielerlei bunten Jagdszenen auf der einen Wand stehen lustige Szenen aus der „verkehrten Welt" auf der anderen gegenüber. An der Stirnwand sind Paare aus dem alten Testament und der Antike einander gegenübergestellt, ebenso Fabelwesen. Mitten darunter figuriert auch das Einhorn mit der Jungfrau. Über allem wölbt sich ein Firmament mit Sonne, Mond und Sternen. Ein ganzes zierliches Universum rundum!

Bleibt noch die kunstvolle Schmiedearbeit zu erwähnen, die sich ebenfalls in vielen Beispielen über das ganze Landesviertel verstreut erhalten hat. Vielfach aufgespaltene Bänder überziehen ganze Türblätter aus groben Holzbohlen, verästen sich wie Filialen im Gesprenge der Schnitzaltäre oder Ranken in den Rippenzwickeln der Gewölbe. Keine gotische Sakristei-türe ohne diesen Schmuckbeschlag.

Bild Seite 139
Hohenzell, Pfarrkirche: Spätgotisches Westtor mit profiliertem Kielbogen und eisenbeschlagener Bohlentüre.

Bild Seite 140, oben
Suben: Mittelalterliches Rippengewölbe aus Tuff unter der ehemaligen Abtei.

Bild Seite 140, unten
Ostermiething: Verstecktes Trinkstübchen eines lebenslustigen und lebensklugen Pfarrherrn. Der bayerische Löwe als Knecht des kriegerischen Esels und andere Allegorien aus der Zeit um 1462.

Bild Seite 141
Engelszell: Der kreuzrippengewölbte Kapitelsaal aus dem 14. Jahrhundert mit seinen zwei steinernen Lesepulten.

Bild Seite 142
Taiskirchen: Typische zweischiffige gotische Hallenkirche vom Anfang des 16. Jahrhunderts, Kanzel um 1710.

Die Stephanskirche zu Braunau

Zwischen 1439 und 1466 entstand der großartigste Kirchenbau des Innviertels, die Stadtpfarrkirche St. Stephan in Braunau. Errichtet wurde sie von der landesfürstlichen Bauhütte zu Burghausen, die von Meister Hanns geführt, einen Stephan Krumenauer, „Maistr des paws" zu Braunau, ausgebildet hatte. Meister Stephan erlebte die Vollendung seines groß-artigen Werkes, an dem 75 Jahre gebaut wurde, nicht mehr.

Er konzipierte für Braunau eine siebenjochige Staffelkirche, einen riesigen, langen und weiten Innenraum, der durch das Hinausschieben der Außenmauern bis ans äußere Ende der Strebepfeiler noch breiter wird.

Der domartige Bau aus Tuffquadern, wie sie am oberen Inn gebrochen wurden, war im Gegensatz zu seinem heutigen Erscheinungsbild außen dünn verputzt und u.a. mit einem aufgemalten Maßwerkband, dessen Spuren noch erkennbar sind, unter der Traufe farblich eingefaßt.

Innen wird dieses Kunstwerk der Architektur durch beson-ders schlanke, zur Erbauungszeit bautechnisch äußerst ge-wagte Achteckpfeiler gestützt, deren schmale Dienste fein ausgearbeitete Kapitelle in Kopfform tragen. Dort und da werden die Spitzbögen bereits von Kielbögen überlagert, Kennzeichen der spätesten Gotik. Die Kapitelle der Seiten-schiffe zeigen zierliches, steinernes Blattwerk, über allem spannt sich ein Himmel von feinem Netzwerkgespinst: die Gewölbe-rippen. Der hohe lange Chor wird durch sechs großzü-gige Fenster erhellt. An der Rückseite, der Westwand der Kirchenschiffe, sitzt eine gemauerte, fünfteilige Empore, über lesende und betende Engeln aus Stein spannen sich eben-falls Kielbögen.

Weil am 2. Juni 1485 das Langhausgewölbe einstürzte – im Mittelalter mit seinen empirisch arbeitenden Bauhütten waren

Ereignisse dieser Art nicht so selten der Fall –, konnte man mit dem Turmbau, einem freistehend geplanten, großartigen Entwurf der Spätgotik – erst spät, nämlich 1492, beginnen.

In sieben Geschossen, ebenso wie die großartige Staffelkirche aus Tuffstein errichtet, überwindet er dreihundert Jahre Stilentwicklung, und hätte beinahe, wäre es nach dem Willen des ersten oberösterreichischen Landeskonservators Adalbert Stifter gegangen, wohl auch noch – als hervorragendes Beispiel der „altdeutschen" Baukunst – einen dem ursprünglichen Plan nachgebauten, neugotischen Turmhelm bekommen. So aber blieb die barocke Zwiebelhaube von 1759 prägendes Wahrzeichen der Stadt – lange Zeit mit 99 Metern die höchste Kirchturmspitze weit und breit.

Der erhabene Innenraum von St. Stephan mit allen seinen Ausstattungsstücken stellt ein ausgezeichnetes Beispiel für ein gewachsenes Kulturdenkmal dar, von der Erbauungszeit bis in die Gegenwart herüber reiht sich Kunstwerk um Kunstwerk aneinander.

Der Hochchor, in diffus-buntes Licht getaucht, bewahrt seinen spätgotischen Charakter gut durch den 1906 in Regensburg nach einem Entwurf des genialen Friedrich von Schmidt verfertigten Hochaltar.

Das durch die hellen Scheiben einfallende Sonnenlicht spiegelt sich auf dem schrundigen und doch wieder glatt abgetretenen Marmorboden und steigert im Gegenlicht die Spiralen der schönen geschmiedeten Kapellengitter. Es unterstreicht auch die von tausenden Händen abgegriffene Klobigkeit der ehrwürdigen, barocken Kirchenstühle.

Darüber steht eine großartige Leistung der spätgotischen Bildhauerkunst: der vielfigurige Kanzelkorb aus der Zeit der zweiten Einwölbung der Kirche, aus Kunststein gefertigt – nach der Freilegung von späteren Übermalungen heute wieder in der bunten Fassung der späten Gotik. Welche Periode des in Generationen gewachsenen Kulturdenkmales sollte man in den Vordergrund stellen?

Die wuchtige Schalldecke darüber, ebenfalls ein altehrwürdiges Schnitzwerk, aber bereits zweihundert Jahre jünger, ist eine meisterliche Arbeit aus der Werkstätte der Bildhauer-Brüder Zürn. Der zwölfeckige Taufstein entstand um 1500, der dazugehörige Deckel wiederum eine, der bekrönende Petrus zwei Generationen später, so auch das Orgelgehäuse im dunklen Hintergrund des Hochschiffes. Raumkunst – getragen von vielen, neben- und nacheinander, aber immer miteinander!

Zwölf Seitenkapellen warten mit zwölf unterschiedlichen Ausstattungen auf: Gewölbe, Wände, Stuck und Malerei, Schnitzwerk in verschiedensten Fassungen von der Gotik über Barock und Rokoko bis zum Historismus, Altäre und Figuren, Bilder und Bildwerke, Leuchter, Prozessionsstangen, Grabplatten: ein faszinierendes Sammelsurium hochwertigster Kunst, zusammengefügt zu einem hochgemut-heiteren Akkord der Frömmigkeit und der Schaffensfreude im Hinblick auf ein frohes Fortleben nach dem Tode.

Die Namen der Kapellen allein verdichten sich zu einem Bilderbuch der Kulturgeschichte: Paulus-, Elend-, Herzog-, Kaufmann-, Leonhard-, Weber-, Bäcker-, Hammerer-, Antonius-, Erasmus-, Frauenstein -, Bräuer-, Michaels-, Mariahilf-, Anna-, Tauf- und Ursula-Kapelle, wenn man die überlieferten Bezeichnungen aneinanderreiht.

Zahllose Grabdenkmäler verleiten zum Lesen der alten Zeichen, Bilder und Inschriften.

Schon aus der vermutlich nebenan, etwa in der Scheiben gelegenen Vorgängerkirche in die vorderste Seitenkapelle übertragen wurde das Grabdenkmal Herzog Friedrichs von Landshut aus dem Jahre 1403.

Festungsartig-wuchtig die steinerne Vorhalle vor dem Westportal: einfachste Gotik in besten Proportionen, solide und konservativ, zusammengefügt in einer heilen Welt, abseits der überzüchteten und der neuesten Mode: kein gekrümmtes Knorpelwerk, keine heidnische Antike, schon eher ein Zitat aus der Festungsbaukunst eines stolzen Reiches, kurz vor Reformation und Türkengefahr.

An der Nordseite außen befindet sich das sonderbare Grabmal des Braunauer Bürgers und Ratsherrn Hannß Staininger und seiner Ehefrau Catharina Sidlerin von 1570. Ratsherr Hannß ist vollständig dargestellt, damit der bodenlange, doppelsträhnige Bart voll zur Geltung kommen kann. Er muß eine würdige Erscheinung im alten Braunau abgegeben haben. Von der Würde zur Lächerlichkeit aber auch hier nur ein kleiner Schritt: Staininger soll sich über seinen bodenlangen Bart zu Tode gestolpert haben – eine gut erfundene Legende?

Neben dem ellenlangen Bart sind die feinen Details des Wandgrabes aber nicht zu übersehen, etwa die winzige Darstellung von Jonas und dem Walfisch, beredtes Zeugnis für die Bibelfestigkeit damaliger Auftraggeber.

Bild Seite 147
St. Georgen an der Mattig: Mittelgruppe des berühmten Sebastiansaltars von Martin Zürn um 1660, die von den Kriegsgreueln der Entstehungszeit geprägt ist.

Bild Seite 148, links oben
Ried: In der Bräuerkapelle der Stadtpfarrkirche läßt Thomas Schwanthaler 1669 seinen Heimatort Ried durch den heiligen Florian vor Feuersnot beschützen.

Bild Seite 148, rechts oben
St. Georgen an der Mattig: Hochaltar mit den ritterlichen Schutzheiligen Georg, Sebastian und Florian, der Schutzpatronin des katholischen Reichsheeres Maria sowie den adeligen Jungfrauen Katharina und Barbara, ein Spiegelbild der „frommen" Anliegen zur Zeit des Dreißigjährigen Krieges.

Bild Seite 148, links unten
Altheim: Madonna mit Kind in der Marktkirche, Meister Johann Peter Schwanthaler zugeschrieben.

Bild Seite 148, rechts unten
St. Georgen an der Mattig: „Patrona Bavariae" vom Hochaltar der Filialkirche, ein Hauptwerk der Brüder Martin und Michael Zürn aus Burghausen, um 1648.

Bild Seite 149, links oben
Lochen: Meinrad Guggenbichler hat 1709 die Krönung der Muttergottes in den Mittelpunkt des Hochaltares gestellt.

Bild Seite 149, rechts oben
Braunau, Stephansmünster: Der heilige Florian vom Katharinenaltar von Martin Zürn 1663.

Bild Seite 150
Hagenau: Ausschnitt aus der von Johann Michael Vierthaler 1728 reich stukkierten Decke der Schloßkapelle.

Bild Seite 151
Waldzell: Gotische Pfarrkirche mit barockem Westturm.

Bild Seite 152
Pattigham: Spätgotische Dorfkirche mit dem hierher übertrage-
nen Altar der ehemaligen Wallfahrtskirche St. Thomas, nahe
einem damals bekannten „Badl", von dem sich auch die Stifter
des Altares, Kurfürst Ferdinand Maria und seine Gattin,
raschen Nachwuchssegen erhofften.

Bild Seite 153, oben
Taiskirchen: Spätgotische Pfarrkirche mit barockem Turmauf-
satz und einem eigenwilligen knaufförmigen Helm.

Bild Seite 153, unten
Andrichsfurth: Neben der 1606 aufgestellten gotischen Licht-
säule wurde bald die in dieser Landschaft typische barocke
Brünndlkirche errichtet.

Bild Seite 154
Ried: Das 1725 reich mit Stuck übersäte Tonnengewölbe des
Langhauses der Stadtpfarrkirche. Die Kanzel mit einem kunst-
vollen Schalldeckel von Johann Franz Schwanthaler.

Bayerisch oder Österreichisch?!

Der selbstbewußte Schwiegersohn Kaiser Karls IV. aus dem Hause Luxemburg, Herzog Rudolf IV., der Stifter, war es, der den Anspruch der Österreicher auf ihr bayerisches Vaterhaus nach ruhigen Jahren des Friedens erneut energisch vortrug.

Als er sich militärisch auf die bereits seit 1357 an Österreich verpfändete, aber zum bayerischen Reichskreis zählende Brückenstadt Schärding stürzte, forderte er damit die Wittelsbacher zu einer Belagerung ihres ehemaligen Brückenkopfes gegen Österreich heraus. Schärding hielt sich aber brav österreichisch. Nach dem Abzug des bayerischen Belagerungsheers verlieh Herzog Rudolf IV. der Stadt 1364 alle Rechte einer landesfürstlich-österreichischen Stadt.

Erst 1369, unter Rudolfs Bruder Albrecht III., wurde wieder Frieden zwischen den damals verfeindeten Herzogtümern Bayern und Österreich-Steiermark geschlossen, mit einem Friedensschluß zu Schärding und einem Vertrag in Ried.

Von den Schrecken des Dreißigjährigen Krieges blieb das Innviertel im wesentlichen verschont. Erst als Kurfürst Maximilian I. zur Niederwerfung des letzten Aufstandes im großen deutschen Bauernkrieg, in dem ihm von seinem Schwager verpfändeten Land ob der Enns seine gerade neuorganisierte moderne Armee aufmarschieren ließ, brachen Gewalt, Plünderung und Mordbrennerei in das blühende Bauernland am Inn ein. Mit den Fußtruppen des Generals Lindlos und der gefürchteten Reiterei General Pappenheims sollten Ordnung und rechter Glaube jenseits des Hausrucks wiederhergestellt werden.

Im erwiesenermaßen lutherfreundlichen Aufmarschgebiet Innviertel war damit jedes Überspringen eines Funkens zur Rebellion frühzeitig und gründlich abgewehrt worden.

Der ehrgeizige und fast fanatisch-religiöse Wittelsbacher Kurfürst hatte schon 1620 als Sieger in der Schlacht am Weißen Berg vor Prag auch die obderennsischen Herren besiegt und für diesen Sieg von seinem Herrn Schwager Kaiser Ferdinand II. die Kurwürde der Pfalz übertragen bekommen. Als Gründer der katholischen Liga schickte er 1625 und 1626 seine Truppen über die Hausruckgrenze, bis dort der Aufstand der lutherischen Bauern und Bürger erstickt war. Protestantischer Besitz wurde beschlagnahmt, der Gottesdienst verboten, alle Anhänger der Reform drangsaliert und vertrieben. Viele Protestanten flüchteten in die Grafschaft Ortenburg oder noch weiter in die freien Reichsstädte wie Regensburg und Nürnberg, die keine Religionsdiktate kannten. Das seit 1517 zur Grafschaft Ortenburg gehörige Mattighofen - protestantische Enklave mitten im oberen Innviertel - hatte der glaubenseifrige Herzog Maximilian bereits 1602 für Bayern zurückerworben und „gesäubert".

Wenig Reform – wenig Reformkunst

Die Kunst der Renaissance hat wohl in die breiten Volksschichten nie Eingang gefunden. Sie blieb eine elitäre, feudale Kunst, vielleicht auch zu sehr mit dem Odium des später verpönten Reformismus, des Protestantismus, behaftet.

Hat sich auch manches Bauwerk, formal noch der Gotik verhaftet, in seinem Wesen jedoch schon die Stimmung der Renaissance übernehmend, vom Mittelalter halb losgelöst, so entstanden dennoch kaum reine Renaissancebauten im Lande rechts des Inn. Am ehesten hat sich so manche Erkerkonstruktion in den beiden Städten nach der neuen Technik ausgerichtet und die neue Formensprache aufgenommen. Erhalten haben sich etwa der erkergeschmückte Nordtrakt des Stiftes Engelszell, das doppeltürmige Linzer-Tor in Schärding und das Stiftstor in Ranshofen oder auch der Westtrakt des Stiftes Reichersberg mit seinen eindrucksvollen Lauben. Eine charakteristische Putzgliederung zeigt der hochgiebelige kurfürstliche Magazinstadel von 1647 in Braunau.

Als typischer Renaissancebau mit runden Ecktürmen, Kegeldächern und kräftigem Konsolgesimse kann das malerische Schloß Hagenau, 1571 errichtet, angesehen werden. Reizvolle kleinere Schloßanlagen stellen auch Erb und Teichstätt, beide mit typischen Eckrondellen unter spitzen Kegeldächern, dar. Schneller hat die Renaissance offensichtlich in die Kunst der Bildhauer Eingang gefunden. Bezeichnend, daß das älteste Renaissance-Grabmal gerade für den Protestanten Christoph von Ortenburg (1551) in der Pfarrkirche zu Mattighofen errichtet wurde. Im Schloß befindet sich ein sehr schönes Marmorportal mit der Inschrift: „Joachim Grave zv Ortenbvrg etc. Ursvla Grävin zv Ortenbvrg geporene Goggerin Freiin zv Khirchperg uvd Weissenhorn sein Gemachel MDLI". In Braunau zählen die schönen Grabdenkmäler für Bürgermeister Hannß Staininger und die Bronzeplatte für Leonhard Zierer zu den Kunstwerken der Reformationszeit. Nur noch Mining, Aurolzmünster und Ried besitzen gleichwertige Renaissance-Grabmäler. Beachtlich auch die beiden herausragenden Brunnen im Stift Ranshofen.

Im Brühl unterhalb des Chorherrenstiftes Ranshofen steht das eigenwillige „Pumpenhaus", ein quadratischer Bau mit hohem Zeltdach, direkt über dem Enknachlauf. Unter dem eindrucksvoll hohen Kuppelgewölbe findet man im Inneren ein verrostetes Wasserrad geringen Alters: einzige Erinnerung an die geniale „Wasserkunst" der frühen Neuzeit. Oben hinter dem Konventsgarten ein verfallender Wasserturm als Zeuge der neuen Freude der Menschen der Reformationszeit an der Erforschung der Natur, ihrer Gesetzlichkeiten und deren Nutzanwendung.

Das Innviertel – eine Barocklandschaft

Drei wesentliche Faktoren beendeten auch im niederbayrischen Raum das späte Mittelalter: einmal die gewaltsame und erfolgreiche Niederschlagung aller mitteleuropäischen Bauernunruhen und damit eine Befriedung innerhalb des Reiches; in zweiter Linie das Trientiner Konzil, das eine bessere Abgrenzung der römischen Kirche von allen kirchlichen Reformbewegungen brachte und auch zur Klärung verschiedener, bislang offener Fragen führte, und nicht zuletzt die andauernde militärische und geistliche Herausforderung von außen durch die Türken, die eine neue, innerkirchliche Geschlossenheit ebenso wie eine wirtschaftliche Reform im kirchlichen Bereich erzwang. Das Ergebnis waren eine neue geistige Motivation, wirtschaftlicher Erfolg und als Ausdruck von dem allen ein radikal-neues, optisches Auftreten: die „Barocke".

Wie immer in einer künstlerischen Frühzeit sind Architekturen und Figuren anfänglich starr und unbewegt. Die Sebastianskirche im Ried bei Andorf (1636) sowie die Pfarrkirchen Geiersberg (1653) und Schilddorn (1660) bewahren solche frühbarocke Kunst an ihren Altären.

Den künstlerischen Durchbruch zu leidenschaftlich bewegtem Ausdruck brachten dann die beiden begabten Bildhauer und Brüder Martin und Michael Zürn, die aus Oberschwaben über Wasserburg, dann Burghausen und schließlich anläßlich eines Großauftrages für den Hochaltar der Stephanskirche 1643 nach Braunau kamen und sich hier niederließen. Drei vollständige Altäre in einem Kirchenraum vereint haben sich von ihnen in St. Georgen an der Mattig erhalten und können dort einen verdichteten Eindruck ihrer exzellenten Kunst aus den Jahren 1645–1649 vermitteln.

Unter Salzburger Einfluß stand eine Gruppe von Schreinern, Bildhauern und Malern in Burghausen, die von hier aus Neuausstattungen etwa für Handenberg (1658), Gilgenberg (1661–1665) und Haigermoos lieferte. Sehr schöne Beispiele für Hochaltäre aus dieser Zeit bieten auch Eggelsberg, Aschau (1674) und St. Florian bei Helpfau (1672).

Schon 1633 war im bayerischen Markte Ried eine Familie Schwanthaler ansässig geworden, deren Söhne über mehrere Generationen hinweg und durch Können und großen Fleiß das bildhauerische Schaffen in Süddeutschland zwischen Isar und Enns prägen sollten.

Thomas Schwanthaler, der die derb-wilde Ausdruckskraft der Zürn-Werke in eine vollkommenere, barocke Bewegtheit überführte, konnte sich mit dem Hochaltar für die Pfarrkirche von Bayerisch-Ried, dem Barbaraaltar in Schalchen, dem Annaaltar in Aspach und den Hochaltären von Waldzell und Münsteuer gut einführen. Neben dem kupfergetriebenen Erzengel Michael im Stiftshof zu Reichersberg (1694) ist vor allem die weltberühmte Ölberggruppe in der Rieder Pfarrkirche als bedeutendste Leistung im reichen künstlerischen Schaffen von Meister Thomas zu bewerten. Ihr Bild muß bis heute für die „Schwanthalerstadt Ried" werben.

Auch sein Sohn Bonaventura Schwanthaler war ein begabter Bildhauer, dem aber sein Engagement im bayerischen Bauernaufstand offenbar zu wenig Zeit und Kraft für eine größere Anzahl von Aufträgen ließ.

Anfang des 18. Jahrhunderts arbeiteten dann die beiden Brüder Johann Franz und Johann Josef als vierte künstlerisch tätige Generation der Schwanthaler in ihrer Rieder Werkstätte und verdichteten offensichtlich mit kleineren Kunstwerken – Kruzifixen und Pieta-Reliefs – die Kunstlandschaft am Inn.

Als einer der fleißigsten und begabtesten Schwanthaler kann dann in der fünften Generation Johann Peter der Ältere gelten, dessen Arbeiten von der verfeinerten Bewegtheit des späten Barock zur Eleganz und Ruhe des Klassizismus überleiten. Neben zahlreichen Altären, von denen sich oft nur einzelne Figuren über die Welle des Historismus hinwegretten konnten, scheint vor allem eine Unzahl von Kruzifixen und vielfigurigen Krippen von ihm angefertigt worden zu sein. Der Kunsthandel bleibt mit ihnen nun schon seit über zwei Jahrhunderten gut versorgt!

Die sechste Bildhauergeneration der Familie Schwanthaler wird vertreten von Johann Peter dem Jüngeren in Ried, der neben den Bildhaueraufträgen vor allem sein Brot als Zeichenlehrer verdiente, und dessen älterem Bruder Franz Jakob, der einmal in Gmunden, dann wieder in Ried (für St. Martin im Innkreis), dann in Salzburg und zuletzt in München arbeitete. Dessen Sohn Ludwig (1802–1848) wiederum stieg in der bayerischen Residenz und Kunstmetropole zu Ruhm und Ansehen eines Hofbildhauers auf. Blickt uns aus der „Bavaria" auf der Münchner Theresienwiese vielleicht eine Rieder Bürgerstochter, etwa eine Jugendliebe Ludwigs entgegen?

Im Mondseeland und im Oberen Innviertel fand daneben eine weitere Künstlerpersönlichkeit des Barock, der gebürtige Alemanne Meinrad Guggenbichler (1649–1723), ihre Verwirklichung. Ihm sind neben den Ausstattungen der Kirchen von St. Wolfgang, Mondsee und Rattenberg am Inn, vor allem auch der prachtvolle Hochaltar Mariä Himmelfahrt in Lochen von 1709, die Kanzel und einige weitere Plastiken zu danken. Nach Munderfing sind heute die beiden lebensgroßen Plastiken des Schmerzensmannes und der schmerzhaften Muttergottes aus der Wallfahrtskirche Valentinshaft übertragen, wo sie das spätbarocke Ausstattungsensemble krönen.

Für Kirchenneubauten war wohl anscheinend kein Bedarf. Die voll ausreichende Versorgung der Landschaft mit spätgotischen Bauten beschränkte den barocken Gestaltungswillen auf Umbauten und Dekorationsarbeiten.

So sollten die beengend empfundenen Kirchenschiffe den nun technisch besser machbaren Saalräumen weichen, wozu die oft fast quadratisch angelegten Grundrisse anregten. Nicht nur in der Braunauer Spitalskirche und in Haselbach oder in Feldkirchen, auch in Raab und Tumeltsham wurden durch mehr oder weniger gewagte Eingriffe die tragenden Stützen herausgenommen und das Gewölbe darüber hinweg neu geschlossen. Die bautechnisch bedingte Gliederung durch Rippen wurde optisch verwischt, indem man die „Gräten" abschlug und darüber frei weg eine neue, andersartige Einteilung der Gewölbesegel mittels Stuckplastik und gemalten Medaillons herstellte (Geiersberg, Mettmach, Mühlheim).

Auch hier erschienen anfänglich im Detail fremde römisch-klassische Ornamente wie Perlstäbe oder Modelstuckbänder, dann – aber noch zaghaft an die altüberlieferte Ordnung angelehnt – freies Band- und Gitterwerk (1720–1739).

Bald lösten sich Ranken und Wolken, Fruchtgehänge und abstraktes Blattwerk von den Gewölbeflächen, aus denen erst flach, später aber schon plastisch und unterschnitten, biblische Szenen und Engel hervortraten.

Vom Stukkateur-Meister Johann Michael Vierthaler und seinem Sohn Jakob aus Mauerkirchen wurden nicht weniger als 25 Kirchenräume des Oberen Innviertels ausgestaltet und eine ganze Kunstlandschaft damit geprägt!

Die ebenfalls meisterhaften Stukkateure Franz Josef Ignaz Holzinger und Johann Baptist Modler sind vor allem im Unteren Innviertel tätig gewesen, etwa in der Pfarrkirche von Aurolzmünster, Utzenaich und Raab.

In Obernberg, Schärding, Ried und Mauerkirchen haben sich auf den Markt- bzw. Stadtplätzen einzelne wenige Beispiele hochwertiger barock-dekorierter Stuckfassaden über Kriege, Brände, Wasserschäden und Modernisierungssucht hinweggerettet und beweisen, daß auch im profanen Bereich der Wunsch nach künstlerischer Gestaltung des Lebensumfeldes der Menschen verbreitet war.

Die Schrecken des Dreißigjährigen Krieges und die ihn begleitenden Seuchen führten zur Neuerrichtung von Sebastianskirchen nach den Architekturvorstellungen der neuen oberitalienischen Baumeistergeneration in Bayern. Im Ried bei Andorf plante der Comaske Bartholomeo Viscardi aus München. Ganz ähnliche Kirchen entstanden noch in Münzkirchen, Aurolzmünster und Schärding, dort bis heute unverändert und ursprünglich erhalten. Ähnlich streng geben sich die zahlreichen Kapuzinerkirchen, von denen drei – Braunau, Schärding und Ried – im Innviertel errichtet wurden.

Während die beiden Marktkirchen von Altheim und Uttendorf eher noch schlicht und anspruchslos ausfallen, zeigt sich in der 1667 errichteten Wallfahrtskirche Maria Brunnenthal bei Schärding das ganze Können des Graubündner Maurermeisters Christoforo Domenico Zuccali. Der in Burghausen als Stadtmaurermeister tätige Italiener verwandelte dann 1796 auch die zuvor gotische Kirche zu Feldkirchen in einen zeitgemäßen barocken Feierraum.

Zwischen 1676 und 1686 errichtete der Maurermeister Josef Vilzkotter von Braunau die beiden hübschen Pfarrkirchen in Ostermiething und Moosdorf.

1720 wird durch Baumeister Jakob Pawanger aus Passau der Neubau des Langhauses der Schärdinger Stadtpfarrkirche begonnen und von den beiden Münchnern Johann Gunetzhainer und dem berühmten Johann Michael Fischer zu Ende geführt. Der riesige Kirchenraum wird von korinthischen Pilasterbündeln aus Stuckmarmor begrenzt, die über mächtigen Gurten böhmische Platzlgewölbe tragen. Vier überlebensgroße Heilige, vermutlich von Franz Josef Ignaz Holzinger, schauen aus der angedeuteten Vierung vom hohen, verkröpften Gesimse ins Kirchenschiff herunter: Martin, Hunbert, Florian und Longinus. 1814 konnte der großartige Kirchenraum im Eindruck noch durch einen ganz ausgezeichneten Altar aus Rotmarmor von 1677 aus der Karmeliterkirche in Regensburg – hierher als landesfürstliche Wiedergutmachung für die bayerische Beschießung der Stadt übertragen – gesteigert werden. Der Künstler war wiederum einer der zahlreichen nördlich der Alpen tätigen Oberitaliener, Johann Peter Spaz alias Giovanni Pietro Spaccio aus Linz in Österreich.

1721 begann auch der Markt Ried mit einem Pfarrkirchenneubau durch den einheimischen Maurermeister Matthias Bereither, bei dem, etwas einfacher als in Schärding, eine gewaltige Tonne den breiten Kirchenraum, reich mit Stuck übersät, überspannt.

Ebenso erhielten die beiden Kirchenneubauten St. Lambrechten und Neuhofen bei Ried saalartige Innenräume mit Tonnengewölben. Besonders reizvoll fiel die Brünndlkirche (1719 und 1722) bei Raab aus, Bad und herrschaftlichen Jagdsitz um eine prächtige Wallfahrtskirche bereichernd.

Im bayerischen Grenzort Zell (an der Pram) wurde zwischen 1771 und 1777 während des Schloßbaues nebenan nach den Plänen des bereits erwähnten Münchner Hofarchitekten Francois Cuvillies d.J. eine städtisch-elegante, den Geist des Klassizismus vorbereitende Pfarrkirche errichtet.

Eine interessante Kirchenerweiterung ging noch knapp vor der Übergabe des Innviertels an Österreich vor sich: In Ach, dem „Urfahr" von Burghausen, wurde das gotische Kirchlein nach Osten um einen quadratischen Zentralraum erweitert. Der heimische Stadtmaurermeister Johann Konrad Schaffner entwarf und errichtete sowohl den Bau als auch den Laubwerk- und Rocaillestuck im Inneren. Die Ausmalung besorgte der damals ebenfalls in Burghausen ansässige Johann Nepomuk della Croce aus Welschtirol.

Die Arco-Kürassiere

In den Reihen des bayerischen Heeres, nicht zuletzt unter den berühmten Arco-Kürassieren, leisteten auch die Söhne des Innviertels ihren Beitrag zum Widerstand des Heiligen Römischen Reiches gegen die vordringenden Heiden.

Unter dem draufgängerischen Kurfürsten Max Emanuel erreichten die Bayern als erste 1683 die schwer bedrängte Reichshaupt- und Residenzstadt Wien. Neben den furcht-erregend aufgeputzten polnischen Lanzenreitern unter König Sobiesky waren es die Bayerischen Kürassiere, die in der Schlacht am Kahlenberg in das befestigte Türkenlager vernichtend einbrachen und die Wende im Kriegsglück herbeiführten. Ihr inzwischen mit Kaiser Leopolds Lieblingstochter vermählter Kurfürst führte seine Kürassiere auch noch bei den Rückeroberungen der Festungen Ofen und Belgrad zum Sieg.

Obwohl er nach einem Frontwechsel im Jahre 1702 auf die Seite Frankreichs und nach dem totalen militärischen und wirt-schaftlichen Zusammenbruch Bayern gerne gegen andere Ländereien einzutauschen bereit gewesen wäre, blieben ihm Soldaten und Bauern und auch seine Untertanen am Inn den-noch weiterhin treu ergeben.

Nach einem Überfall der Bayern im September 1702 auf die Reichsstadt Ulm, begannen bald österreichische und bayeri-sche Truppen beiderseits der Hausruckgrenze zu schanzen.

Am 2. März 1703 schlugen die Österreicher los und stießen bei scheußlichem Schneeregen über Zell an der Pram, Aurolz-münster und St. Martin direkt auf Schärding vor. Überra-schend aber überschritt Max Emanuel in der Nacht zum 11. März mit 12.000 Mann die Schärdinger Innbrücke und über-rumpelte in Schardenberg die völlig unvorbereiteten Österrei-cher und die mit ihnen verbündeten Sachsen.

Voreilig gebot der österreichische Feldmarschalleutnant Graf Schlick den Rückzug. Den unverhofft siegreichen Bayern gelang in dieser Lage noch ein weiterer erfolgreicher Überfall auf die österreichische Artillerie und den gesamten Korpstrain bei Eisenbirn. Heute ist dort das Schlachtfeld durch Denksteine für alle eingesetzten Armee-Einheiten eindrucksvoll markiert. Der 11. März wurde zu einem ruhmreichen Traditionstag der bayerischen Kavallerie.

Wochen später wütete der Gegenschlag über das Innviertel hinweg; kaiserliche Truppen waren von Passau in Richtung Vilshofen und Schärding unterwegs, Kontributionen, Plünderungen und Gewalt folgten!

Als sich die Stadt Schärding im August 1703 den Österreichern nicht ergeben wollte, ließ Feldmarschalleutnant Graf Reventlow die Stadt am 21. August aus zwanzig Geschützen beschießen: schwerste Schäden in der umkämpften Stadt am Inn waren zu beklagen. Die Bayern revanchierten sich unverzüglich: Gerade als der dänische Graf und mit ihm die österreichischen Herren Offiziere im Refektorium des Benediktinerklosters Vornbach tafelten, schlug genau über ihnen eine bairische Bombe vom Schärdinger Ufer herüber ein, daß es staubte. Das wurde ein rascher Aufbruch!

Der nächste kriegerische Gegenschlag fand im Jänner 1704 statt. Kurfürst Max Emanuel stieß nach Waizenkirchen und Eferding im österreichischen Hausruckviertel vor; ein Bauernaufstand gegen das requirierende kurbayerische Militär vertrieb letztendlich die fremden Truppen wieder. Die Österreicher folgten nach und errichteten eine Schreckensherrschaft in bayerischen Landen. „Pandur", „Cråwåt" und „Schlowak" gehörten daraufhin lange Zeit zu den fürchterlichsten Erinnerungen an Österreich, ja sind bis heute kräftige bairische Schimpfwörter geblieben, „übel berüchtigte Namen", wie im „Bayrischen Wörterbuch" nachzulesen ist.

Wie zuvor in Österreich stehen nun in Bayern die Bauern gegen die Invasionstruppen auf: Aus Schärding, Ried und Braunau wird die Besatzungsmacht vertrieben! Ein Guerillakrieg sucht das schöne Land am Inn heim. Ein Innviertler Student aus Altheim, Johann Georg Meindl, leitet die Aktionen, an denen sich aus Ried auch ein gewisser Bonaventura Schwanthaler, Bildhauer, beteiligt.

Zu Weihnachten 1704 bei Sendling und im Jänner bei Aidenbach unterliegen endlich die Aufständischen, unterliegt die kurbayerische Landesdefension. Inzwischen war Max Emanuel bei Höchstädt und Blindheim von Prinz Eugen und dem Herzog von Marlborough vernichtend geschlagen worden, und der Krieg sprang von Bayern auf Flandern über.

Erst 1715 verließ die österreichische Besatzungsmacht das schwer geprüfte Land wieder.

Erbfolgekriege um Bayern und Österreich

Als 1740 Kaiser Karl VI. als letzter männlicher Habsburger stirbt, sieht sich Kurfürst Karl Albrecht von Bayern als Enkel Kaiser Leopolds I. aus dem Hause Habsburg bereits als Erbe der österreichischen Krone. Der Bruch Karl VI. mit dem im Mitteleuropa bis dahin überlieferten Erbrecht wird nicht nur von Bayern nicht anerkannt. Doch die Kaisertochter Maria Theresia, auch Königin von Böhmen und Ungarn, die „ungarische Resl" wie sie die Innviertler durchaus verständnisvoll nennen, will das Erbe antreten.

Zwanzig Tage nach einem Bündnisvertrag zwischen Bayern und Frankreich zu Versailles läßt Kurfürst Karl Albrecht erfolgreich das Fürstbistum Passau überfallen, das wieder einmal zu Österreich, seinem Diözesangebiet, hielt.

Im September bricht er mit einer bayerisch-französischen Armee von Schärding auf, vier Tage später besetzt er den österreichischen Markt Waizenkirchen, bereits am 15. September die Landeshauptstadt Linz. Nach der Erbhuldigung im Linzer Landhaus war das Land ob der Enns an Bayern angeschlossen, das Land unter der Enns sollte folgen.

Feldmarschall Graf Khevenhüller schlug zurück. In der Neujahrsnacht 1742 wurde Linz eingeschlossen und bombardiert, am 1. Jänner Schärding besetzt, am 15. Jänner Vilshofen erreicht. Wiederum war Krieg im Innviertel.

Nun sollte der bayerische Feldmarschall Graf Törring zurückschlagen. Er ist am 16. Jänner in Passau, am 17. vor Schärding, das aber von den Österreichern unter General Bärnklau erfolgreich gehalten werden kann.

Kurbayerische Truppen aus Braunau werden zur Unterstützung herbeigerufen, kehren aber bei Obernberg wieder um, indes Törrings Truppen nur wenig weiter nördlich von österreichischen Husaren überfallen und fast ganz aufgerieben werden. Und nochmals geht der Krieg über das Innviertel hinweg, während sein Regent Karl VII. Albrecht die ersehnte Kaiserkrone für drei Jahre erringen kann.

Als im Mai 1743 die französische Innarmee abzieht, stößt sofort der Prinzgemahl und Feldherr Carl von Lothringen nach. Bei Simbach kommt es zu einer zehnstündigen Schlacht, in der etwa 900 Bayern und Franzosen fallen und ebenso viele gefangen werden, während Österreich nur einhundert Mann verliert. Danach zog der Krieg wieder weiter, vom Innviertel fort. Im Frieden zu Füssen muß Bayern seinem Traum, Österreich bei guter Gelegenheit wieder zurückzugewinnen, entsagen. Als Pfand bleiben die Städte Braunau und Schärding vorerst einmal österreichisch.

Nach dem Aussterben der bayerischen Wittelsbacher mit Kurfürst Max Joseph übernahm der Pfälzer Wittelsbacher Karl Theodor das ihm fremde Erbe. Vom österreichischen Mitregenten und Kaiser Joseph II. – verheiratet mit der bayerischen Prinzessin Josepha – nach Wien eingeladen, erklärte er sich bereit, ganz Niederbayern an Österreich abzutreten. Sofort erfolgte die geordnete Übernahme der Landeshoheit durch österreichische Truppen: Am 14. Jänner in Schärding, am 21. Jänner schon in Straubing – nicht immer ohne Widerspruch in der Bevölkerung.

Friedrich II. von Preußen aber sah das mitteleuropäische Gleichgewicht gefährdet und schritt ein. Nach gescheiterten Verhandlungen zu Potsdam und Schönbrunn marschierten die preußischen Truppen im Juli 1778 in Böhmen ein. Der Krieg um Niederbayern und das Innviertel schien sich, vorerst noch auf fernem Boden, auszuweiten. Kaiser Joseph begab sich selber an die Front in Schlesien. Innerhalb der ersten zehn Monate fielen in diesem spöttischerweise „Kartoffelkrieg" genannten Feldzug immerhin 30.000 Mann auf beiden Seiten, bis ein von Maria Theresia mit Hilfe Rußlands und Frankreichs herbeigeführter Frieden dem grausigen Mächtespiel ein Ende setzte.

Im Frieden von Teschen verzichtete Österreich im Mai 1779 auf seine Ansprüche auf Bayern und erhielt als Abfindung alles bayerische Land zwischen Donau, Inn und Salzach, das Innviertel.

Bereits am 30. Mai zogen sich die österreichischen Truppen über Inn und Salzach zurück, am 2. Juni huldigten die seit drei Tagen als „Innviertler" bezeichneten Bayern dem ob-derennsischen Landeshauptmann Christoph Wilhelm Graf Thürheim als Vertreter des neuen Landesherrn in Braunau.

Wie Maria Theresia das Innviertel gewann

Maria Theresia, die einzigartige Frau auf dem Habsburgerthron, übernahm nach dem Tode ihres Vaters eine mit schweren Hypotheken belastete Erbschaft. Karl VI., der letzte männliche Habsburger, hatte seine Länder mit einem genialen Schlendrian regiert, mehr der Musik als der Staatskunst ergeben. Daher fiel seiner Tochter (und Erbin) eine fast unlösbare Aufgabe zu, nämlich aus der bunt zusammengewürfelten Ländermasse einen einheitlichen Staat zu bilden, eine geordnete Verwaltung einzuführen, das Heer zu reformieren, für zeitgemäße Gesetze zu sorgen und die Staatseinnahmen zu sichern. Ihre Ratgeber waren der Verzweiflung nahe, sie allein blieb fest.

„Was für Grillen, warum solche Gesichter?", schrieb sie an den Grafen Kinsky. „Nicht die arme Königin entmutigen, sondern ihr helfen und raten." Die Lage Österreichs war jedoch mitunter verzweifelt, und es schien fast, als ob sein Ende gekommen wäre. Nicht um Schlesien allein ging es in den blutigen Kriegen, die sie gegen Friedrich II. von Preußen und seine Verbündeten zu führen hatte, sondern um den Bestand der Monarchie überhaupt. Mit deren Aufteilung beschäftigte man sich bereits in den Staatskanzleien der europäischen Mächte. Schlesien konnte nicht zurückgewonnen werden, aber Österreich blieb erhalten. Es wurde von Maria Theresia, später im Bunde mit ihrem Sohne Josef II., in einen mustergültigen Verwaltungsstaat umgewandelt, dessen oberste Prinzipien Gerechtigkeit und Ordnung hießen.

Als Frau und Herrscherin lernte Maria Theresia alle Wechselfälle des Glücks und des Lebens kennen. Sie fühlte mit ihren Landeskindern, fühlte sich für deren Wohlergehen verantwortlich. Später, mit zunehmendem Alter, vor allem nach dem plötzlichen Tode ihres geliebten Gatten Franz Stephan von Lothringen, galt ihre Sorge allein den Werken des Friedens. Anders dachte ihr Sohn Josef in dieser Beziehung, der vor allem Bayern für Österreich gewinnen wollte, um einen Ersatz für den Verlust von Schlesien zu schaffen. Als das Aussterben der Münchner Wittelsbacher Gewißheit wurde, wurde auf sein Betreiben hin mit dem voraussichtlichen Erben Karl Theodor von der Pfalz der sogenannte Mannheimer Vertrag geschlossen, nach dessen Bestimmungen bis zum Tode des Kurfürsten Maximilian Josef Nieder- und Oberbayern den habsburgischen Ländern einverleibt werden sollte.

Am 30. Dezember 1777 starb der letzte Münchner Wittelsbacher, der Erbe zögerte mit der Erfüllung des Vertrages. Josef II. war in seiner Impulsivität für eine gewaltsame Besetzung der beanspruchten Gebiete. Gegen diese kriegerischen Absichten ihres Sohnes wehrte sich Maria Theresia, denn sie fürchtete die Verwicklungen, die daraus entstehen konnten, und sie fürchtete für den Frieden. So schrieb sie Josef, der sich bei den Truppen befand: „Selbst wenn unsere Ansprüche auf Bayern nachweisbarer und begründeter wären als sie es sind, sollten wir zögern, um unseres eigenen Vorteiles willen einen Brand zu entzünden. Von neuem würden wir unsere Völker bedrücken müssen, um eine noch größere Armee zu unterhalten, deren Vermehrung unsere neuen Erwerbungen bedingen würden. Den von uns in so glücklicher Weise wiederhergestellten Staatskredit müßten wir aufs Neue untergraben, an seine Stelle die Gewalt setzen, und nie wieder würden wir uns der Ruhe, des Friedens und des Glückes erfreuen, welche mit Treue, Glauben und dem allgemeinen Vertrauen unzertrennlich verbunden sind."

Trotz dieser mütterlichen Mahnung ließ Josef II. die Truppen marschieren und zwang dadurch Karl Theodor zur Ratifikation des Mannheimer Vertrages. Nunmehr schaltete sich, wie Maria Theresia befürchtet hatte, Friedrich II. von Preußen ein und stellte Österreich vor die Alternative: Rückzug aus Bayern oder Krieg mit Preußen. Die Kaiserin in Wien war über diese Wendung bestürzt, schon sah sie ihre mühsame Lebensarbeit in Flammen aufgehen. Sie glaubte, daß ihr die Flüche ihrer neuerdings von der Kriegsfurie heimgesuchten Völker ins Grab nachfolgen müßten. Josef wußte nicht, was Krieg bedeutete, was es bedeutete, wenn Frauen ihre Gatten, ihre Söhne verloren. Nur eine Mutter konnte das durch solchen Verlust verursachte Leid ermessen. Ihr Haus würde stürzen, wenn es zum Kriege kam, die

Monarchie zertrümmert. Sie mußte also den Frieden retten. Eindringlich bat sie in ihren Briefen Josef daher, den Forderungen Preußens nachzugeben. „Wie oft habe ich an die armen Frauen denken müssen", klagte sie darin, „denen man ihre Kinder mit Gewalt wegnimmt. Welch gräßliches Gewerbe ist doch der Krieg, gegen die Menschlichkeit und gegen das Glück."

Josef II. leitete daraufhin Verhandlungen ein, die allerdings ergebnislos verliefen, denn Friedrich II. bestand auf der Räumung Bayerns, wozu der Habsburger nicht bereit war. Die Folge war, daß am 5. Juli 1778 preußische Truppen die böhmische Grenze überschritten. Damit war Krieg. Die Nachricht darüber ließ Maria Theresia zuerst vor Schrecken erstarren, dann befahl sie Josef in einem ihrer Schreiben: „Kannst du den Frieden auf dem Schlachtfeld abschließen, so tue es unter jeder Bedingung. Das würde keine Schwäche sein. Und wäre es eine solche, so wälze alles auf mein graues Haupt, das zu nichts anderem mehr gut ist." Sie setzte allerdings in die Bereitwilligkeit und Einsicht ihres Sohnes wenig Hoffnung, und so schickte sie ohne dessen Wissen den Freiherrn von Thugut als ihren Geheimkurier zu Friedrich II. Als Josef davon erfuhr, lehnte er jede Verantwortung entrüstet ab, fühlte sich übergangen und in seiner Ehre gekränkt und scheute sich nicht, seiner Mutter die bittersten Vorwürfe zu machen.

Auch diese Verhandlungen scheiterten, diesmal an den maßlosen Forderungen Friedrich II., der nur allzusehr auf seinen Vorteil bedacht war. Maria Theresia ließ sich jedoch nicht entmutigen, sie war von dem Gedanken, den Frieden um jeden Preis retten zu müssen, einfach besessen. Sie wandte sich nunmehr an Frankreich und Rußland und ersuchte um Vermittlung. Diese fanden sich hiezu auch bereit, da sie an dem Gleichgewicht der europäischen Mächte höchst interessiert waren. Dem Druck aus dem Osten und Westen mußten Friedrich II. schließlich nachgeben. Er bequemte sich dazu, daß in Teschen über den Frieden verhandelt wurde. Bekanntlich kam dann am 13. Mai 1779 ein solcher tatsächlich zustande. Österreich verzichtete auf Bayern und erhielt dafür das Innviertel mit Ried, Braunau und Schärding zugesprochen. Dadurch erhielt Österreich seinen heutigen Umfang, Inn und Salzach wurden Landesgrenze gegen Bayern.

Widerstand gegen das Militärregime

Im Palm-Park nahe dem Bürgerspital erhebt sich auf einem Sockel das lebensgroße Standbild eines fest und gelassen wirkenden jungen Mannes in biedermeierlicher Kleidung. Der geradeaus Blickende soll den Nürnberger Buchhändler und Patrioten Johann Philipp Palm darstellen.

Der gewaltige Einbruch der französischen Revolutionsarmee nach Mitteleuropa, einen Sturmwind revolutionärer Begeisterung im Rücken, brachte die vielen kleinen und großen, nur um ihr Wohlergehen besorgten deutschen Potentaten ganz durcheinander, brachte viele diamantenbesetzte Fürstenhüte und Kronen zum Wackeln, scheuchte die betuliche Geistlichkeit wieder einmal auf und ließ die auch schon damals manchmal konzeptlos herumirrenden „Staatsmänner" wie einen hektischen, aufgescheuchten Hühnerhof zurück. Unfähig, die Zeichen der Zeit zu erkennen, brauchten Europas zahlreiche Regenten einige äußerst verlustreiche und schmerzvolle Jahre, um sich wieder zu fassen.

Jeder von ihnen versuchte erst einmal, der mutigere auch zweimal, auf den großen Korsen loszugehen – und holte sich eine blutige Nase, wenn es noch gut ausging. So Bayern 1800, Preußen im Jahre 1806, so Österreich 1800, 1805 und 1809, so die Tiroler unter Andreas Hofer, die Braunschweiger oder die Schill'schen Offiziere.

Vier Tage, nachdem er Österreich um 66.000 Quadratkilometer, nämlich Vorarlberg, Tirol und Venetien, verkleinert hatte, machte Napoleon den verbündeten Kurfürsten aus Bayern zum König; so erhob er den einen, während er den anderen demütigte und spielte die deutschen Kleinstaaten allesamt gegeneinander aus.

Der gemeine Mann hatte das früher heraus als die kompliziert denkenden, nach Vorteilen schielenden Kleinstaat-Politiker.

Unabhängig von den verschiedenen außenpolitischen Konzept-
chen der zahllosen Fürstentümer empfand das Volk in den
deutschen Ländern gleich: Es sah in den fremden Soldaten
bedrohliche Besatzungstruppen, die Franzosen wiederum
wußten sich in einem fremden Land und führten sich auch
dementsprechend auf, ganz gleich auf welches Fürsten Boden
sie gerade standen.

Während die Münchener Regierung noch beflissen das Französische einübte, entwickelte der kleine Mann im Land draußen
schon eine Abneigung, schimpfte auf die Besatzer und las
begierig die überall auftauchenden nationalen Flugschriften.

Zentren der antifranzösischen Propaganda waren die freien
Reichsstädte, Verbreiter der Flugschriften die dort ansässigen
Buchhandlungen.

Wegen des Vertriebes der aufsehenerregenden, derb-deutli-
chen antifranzösischen Schmähschrift „Deutschland in seiner
tiefen Erniedrigung" wurde der Geschäftsführer der Stageschen
Buchhandlung zu Augsburg verhaftet, verhört und wieder
freigelassen, am 14. August 1806 sodann der auf dem Dachbo-
den des Hauses versteckte Inhaber der Steinschen Buchhandlung zu Nürnberg, Johann Philipp Palm, ergriffen.

Sein angesehener Freund Holzschuher aus Nürnberg versuchte zwar, den festgenommenen „Hochverräter" noch zu beglei-
ten, im französischen Hauptquartier zu Ansbach zu interve-
ren, einen Anwalt zu besorgen. Vergeblich!

Inzwischen war sich das französische Besatzungsregime in
München bereits über den Ausgang der Angelegenheit klar.
König Max lehnte aber die Aburteilung eines Bayern innerhalb
des Königreiches wegen der drohenden Aufstandsgefahr ab.
So fiel die Wahl auf das „österreichische Ausland", wo in der
gerade verpfändeten Stadt Braunau eine französische Garnison
eingerichtet worden war.

Das Gerücht von der zu erwartenden standesrechtlichen Aburteilung eines Nürnberger Buchhändlers eilte dem Gefangenen,
der am 23. August in Braunau eintraf, bereits voraus. Im

„Nußgarten", einem idyllischen Braunauer Altstadthäuschen mit Gärtchen, wurde der verschleppte Kaufmann gefangengesetzt.

Bereits am 25. August trat in Braunau das Kriegsgericht zusammen. Die hohen Besatzungsoffiziere, rasch aus ganz Bayern zusammengetrommelt, waren uninteressiert, der Angeklagte versuchte durch Schweigen Haltung zu bewahren. Palm – obwohl schon nervlich gezeichnet – verweigerte jede Auskunft über Autor und Drucker. In dem Bewußtsein, ohne Beweise nicht verurteilt werden zu können, erwartete Johann Philipp Palm in seiner Kerkerzelle den Freispruch mangels an Beweisen. Er brach daher zusammen, als ihm am 26. August vormittags im Gefängnishof in der Braunauer Poststallgasse ganz unvorbereitet sein Todesurteil verkündet wurde.

Ganz Braunau hatte an dem Prozeß Anteil genommen, und es erfolgten sofort zahlreiche mutige Vorsprachen bei der Militärbehörde. Allein es änderte nichts! Eine Pardonierung durch seine Majestät den Kaiser könne aus Zeitmangel nicht mehr erfolgen. Ein kleiner Buchhändler hatte das große Gewaltregime provoziert!

Mit Recht befürchtete die französische Besatzung das Ausbrechen von Unruhen. Die ganze Garnison wurde in Alarmzustand versetzt, die Kanonen feuerbereit gehalten. Braunau lag wie im Fieber: Aufstand gegen Napoleon – ja oder nein?

Um vierzehn Uhr bewegte sich der traurige Transport – Palm mit zwei Seelsorgern auf einem Leiterwagen – über den Stadtplatz zur Richtstätte auf dem Glacis. Französische Grenadiere und Kürassiere mußten den Platz absichern. Hunderte Zuschauer nahmen erschüttert Anteil, warteten vielleicht auf ein Zeichen. Wurden endlich selbst Zeugen dieser Untat der lange schon als Unrechtsregime empfundenen Gewaltherrschaft.

Der Benefiziat Pöschl, der dem verurteilten Protestanten und dreifachen, verzweifelten Familienvater Trost zusprechen sollte, verband ihm die Augen. Palm hatte niederzuknieen. Sechs langgediente Unteroffiziere legten an. „Ich bin unschuldig", war noch zu vernehmen. Dann krachte die Salve. Palm brach zusammen, stöhnte. Eine zweite Salve. Der Priester Pöschl lief zu dem nun Verstummten hin, schrie auf. Palm lebte noch. Die Zuschauermenge geriet in Bewegung, manche weinten erschüttert. Der französische Kapitän fluchte mit seinen Leuten. Zwei Mann wurden kommandiert, den Schwerverletzten mittels Schläfenschuß zu erlösen.

Die so dramatisch abgelaufene Hinrichtung eines als schuldlos angesehenen und sich schuldlos fühlenden, freien Bürgers durch ein gewalttätiges Besatzungsregime wurde nach und nach mit ein Anstoß zum Befreiungskampf.

Ein Komitee zur Unterstützung der Familie in Nürnberg wurde gegründet, Palm-Porträts kursierten bald in allen von Napoleon besetzten Ländern Europas. Die Namen des Opfers und der Hinrichtungsstätte, Palm und Braunau, wurden zu Parolen für die immer dringlicher geforderte Erhebung Deutschlands.

Die entgegen den Militärbefehlen auf dem Braunauer Friedhof angelegte Grabstätte Palms versah man mit einem Denkmal an den „schuldlos Geopferten", ebenso die Hinrichtungsstätte auf dem Braunauer Festungsglacis. Aus dem Jahr 1866 stammt das vom Nürnberger Bildhauer Konrad Knoll geschaffene, in Salzburg ausgeführte Denkmal im Braunauer Palm-Park, das den empfindsamen „Biedermeier" Palm als aufrechten und freien Bürger darstellt, der die vaterlandsbegeisterte Jugend anzusprechen vermochte.

Im Chaos der Franzosenkriege

Mit dem Einbruch der französischen Revolutionsarmee in die Kurpfalz 1792 wurde nach und nach ganz Europa in den Strudel der Kriegsereignisse hineingerissen.

Schon 1797 war General Moreau bis an den Inn vorgestoßen, während die kaiserlichen Truppen unter Erzherzog Karl bei Würzburg und Amberg über General Jourdan siegten. Als beim nächsten Vorstoß der Franzosen das bayerisch-österreichische Heer bei Hohenlinden eine Niederlage erlitt, nahm dies Bayern zum Anlaß, aus der Koalition auszubrechen und auf die Seite Frankreichs überzuwechseln. Dafür erhielt es im Reichsfrieden von Luneville später entsprechende Gebietsgewinne. Indessen überschritt General Moreau bereits sechs Tage nach Hohenlinden am 9. Dezember 1800 den Inn und verfolgte die Österreicher nach Osten, bis nach wenigen Tagen aller Widerstand zusammenbrach. Gerade zwei Jahrzehnte bei Österreich, wurde das Innviertel nun unter französische Verwaltung gestellt.

Erst 1805 erfolgte der Gegenschlag Österreichs mit einem Aufmarsch von ca. 50.000 Mann im Raum Innviertel, unterstützt durch eine russische Armee, deren Stab in Braunau von General Kutusow geleitet wurde. Der Gegenangriff der Franzosen erfolgte am 28. Oktober 1805 unter der Führung Napoleons über den Inn hinweg weit nach Österreich hinein.

Das Innviertel rechnete nun mit einer Rückgliederung an Bayern, wurde aber offensichtlich im Frieden von Preßburg übersehen, in dem Bayern mit Tirol, Vorarlberg und der Erhebung zum Königreich bedacht wurde.

1809 schlug Österreich zum zweiten Mal zurück – und wurde wiederum geschlagen! Die zurückflutenden Truppen sammelten sich erst hinter dem Inn, wobei das befestigte Schärding die Übergabe an die Franzosen heldenmütig verweigerte und dafür beschossen und niedergebrannt wurde. Nach Gefechten bei Antiesenhofen, Raab und Riedau war das Innviertel wiederum mit plündernder Soldateska überzogen. Der Hunger trieb Soldaten wie Landbevölkerung auch zu Verzweiflungstaten, an die so manches im Land verstreute „Franzosenkreuz" heute noch erinnern soll.

Am 7. März 1810 wurde das Innviertel wieder an Bayern zurückgegeben, was allgemeine Zustimmung in der Bevölkerung fand. Die Wiedervereinigung nach drei Jahrzehnten!

Aber es gab keinen rechten Frieden. Die allgemeine deutsche Erhebung gegen Napoleon nahm ihren Lauf. Und der bayerische König und seine Polizei waren mißtrauisch bis ungerecht hart. Auch der Innviertler hatte kein Verständnis für das Schutz- und Trutzbündnis mit den Franzosen, besonders als dann Tausende von Bayern gegen Tirol, Österreich, Preußen und sogar Rußland ins Feld ziehen mußten.

Am 8. Oktober 1813 endlich vollzog Bayern mit dem Vertrag von Ried eine neuerliche Kehrtwendung, zurück an die Seite der Alliierten, während sich die europäischen Heere bereits auf den Feldern vor Leipzig versammelten.

Unter der Bedingung, daß die Grenzen des großen Königreiches Bayern unverändert bleiben sollten, kämpften ab sofort die bayerischen Truppen gegen die Franzosen und saßen die bayerischen Diplomaten beim Kongreß zu Wien auf der Siegerseite. Der bayerische Staatskanzler Maximilian Graf Montgelas konnte fast alle seit 1803 von Bayern angeeigneten Gebiete behalten. Aber unter den nach dem Münchener Abkommen von 1816, das einer neuerlichen militärischen Auseinandersetzung zuvorkam, an Österreich zurückzugebenden Ländereien war neben Vorarlberg, Tirol und Salzburg auch das Innviertel mit dem halben Hausruck. Am 1. Mai 1816 war das Innviertel wieder friedlich Landesteil des Landes ob der Enns geworden. Die Innviertler, die nun mehrfach hatten schmecken können, wie in München und wie in Wien gekocht wurde, mußten erkennen, daß es eigentlich nirgends besser war, und nahmen

teils den Lauf der großen Politik hin, teils pflegten sie ihr
Heimweh nach dem Goldenen Zeitalter des Bairischen Stam-
mes und nicht nach den Wittelsbachern oder Habsburgern.
Wann immer sich eine passende Gelegenheit bietet, erinnern
sie jedoch ihre seit 1816 österreichische Obrigkeit an die
ungeliebte Grenze im Inn, etwa in den Bürgerkriegszeiten von
1833, 1933 oder nach den verlorenen Kriegen 1918 und 1945.
Und Wien bemüht sich dann ein bißchen – und Linz etwas
mehr –, die Grenze im Inn möglichst erträglich zu machen.
Während aber die Regierungen, Politiker und Diplomaten in
München wie in Wien wenig Verständnis für die Anliegen
einer ländlichen Grenzregion wie das Innviertel aufbringen
können, kann dem Innviertler, für den einfache Tugenden wie
Treue, Anhänglichkeit und Beständigkeit eben nicht nur leere
Worte sind, menschlich nur Anerkennung gezollt werden.
Bayern unterstützte etwa die Politik Österreichs im Deutschen
Bund und konnte sich bis 1866 als dritte Großmacht dort
behaupten. Das attraktive Monarchenpaar, Kaiser Franz Joseph
von Österreich und seine bayerische Gemahlin Elisabeth, „Sisy",
waren lange Zeit Symbol für das gedeihliche Miteinander
beider Staaten.

Das Innviertel – Nährboden vieler Talente

„Begehrenswert wie eine köstliche Frucht" erschien einem Reise-schriftsteller des Biedermeier das Innviertel, und Josef II. meinte in einem Brief an seine Mutter, der Landstrich sei nicht nur sehr schön, sondern „für Österreich auch ungemein passend", so als hätte der Kaiser schon damals geahnt, welche Fülle von schöpferischen Kräften sich hier auch in weiterer Zukunft entfalten würde.
Sicherlich hat das Innviertel keine Genies hervorgebracht, wie es etwa dem benachbarten Salzburg durch Mozart geschenkt wurde, aber immerhin darf dieser schöne Landstrich für sich in Anspruch nehmen, immer wieder große, bedeutende Künstler angezogen zu haben.
Jene drei, denen die folgenden Seiten gewidmet sind, mögen stell-vertretend für die vielen anderen Künstler, die hier geboren sind, hier leben oder lebten, für die vielen an dieser Stelle ungenannten Bega-bungen dieser Landschaft stehen.

Der Franz von Piesenham

An die Spitze muß der vielleicht populärste Innviertler gereiht werden: Franz Stelzhamer. Seinen Namen kennt hierzulande jedes Schulkind, als Literat blieb er bis heute umstritten, ja wird sein Wert heute mehr und mehr in Frage gestellt. Für die Geringschätzung des „Franz von Piesenham" – seine treue Anhängerschaft möge es verzeihen – gibt es viele Gründe. Einer und der wahrscheinlich wesentlichste ist Stelzhamers Sprache, die Verwendung des Dialekts. Dieser hat bereits zu Lebzeiten des Dichters einer Verbreitung seines Schrifttums entgegengestanden. Und wie sollte auch ein Tiroler, ein Kärntner oder gar ein Norddeutscher das Innviertlerische überhaupt verstehen, geschweige denn lesen können? Dazu kommt noch, daß auch Stelzhamer selbst durch Verwendung der lautlich nur irreführ-renden Schreibung Lindemayers – z.B. ai für das mundartliche oa (also daheim für dahoam) – nichts zur Entwirrung dazugetan hat. Die Diskriminierung des Dialekts, die übrigens nicht nur zu Lebzeiten Stelzhamers, sondern bis herauf in unsere Tage zu beobachten ist, tat mit ein übriges, um seiner Dichtung erst gar nicht viel Ansehen zu geben. Worunter Stelzhamer übrigens selbst auch sehr gelitten hat. Nicht ohne Ironie versah er etwa sein Geleitwort zum Alterswerk „Königin Not" mit der ausdrücklichen Widmung „den Herren Literaturhistorikern Menzel, Wackernagel und Kurz – zur freundlichen Erinnerung vom Verfasser – ! ". Und verbirgt hinter diesen Worten in Wahrheit doch nur seinen beleidigten Stolz und Gram darüber, daß Wackernagel ihn in seiner Literaturgeschichte überhaupt nicht erwähnt hat, während Menzel in Stelzhamers Gedichten „ein Element von wienerischer Blasiertheit und schlechtem Witz" entdecken wollte. Womit er dem Innviertler nicht nur bitter Unrecht tat, sondern auch grobes Unverständnis bewies.

Dazu kam, daß Stelzhamer selbst durch sein Naturell auch nur wenig mit dazu beitrug, sich oder seiner Dichtung zu Achtung und Anerkennung zu verhelfen. Nicht nur, daß er es nirgendwo recht lange litt, so hat er sich im Grunde auch nirgends so richtig zu bewähren gewußt: nicht im Elternhaus, nicht als Priesterstudent, nicht in der Ehe und nicht als Schauspieler. Nun mag man seine Unstetheit zwar als Künstlerallüren abtun, daß die Umwelt aber an der ruppigen Art Stelzhamers, die im Grundsatz gipfelte „Was die andern recht zwider is, das tan mer gern!", mitunter Anstoß nahm, kann einen auch heute nicht wundernehmen.

Von seiner treuen Anhängerschar wird Stelzhamer bis heute einerseits mit der Gloriole des Außergewöhnlichen umgeben und andererseits ins Klischee des gefühlvollen Heimatdichters gepreßt – beide Vorstellungen werden Franz Stelzhamer nicht gerecht. Denn nicht das „Hoamatland", sondern die vielen bei der Bevölkerung weitgehend unbekannt gebliebenen Liebes- und Heimatgedichte („s'Gsangl von der Fremd" oder „De narrische Liab" oder die „Lustige Eicht") festigten schließlich seinen Ruf als bedeutendster Mundartdichter des süddeutschen Raumes. Freilich haben ihn als solchen nur einige wenige Literaturhistoriker erkannt, für die Masse ist er nach wie vor der Dichter der Bacherl und Bleamerl, der Stauden und Hügerl – kurz, einer fast penetranten Gemütstiefe und Empfindsamkeit, für die heute kaum noch viel Verständnis aufgebracht werden kann und Stelzhamer zu einem zwar liebenswerten, im Grunde aber sehr antiquierten und verstaubten Relikt aus längst vergangenen Zeiten werden ließen.

Der literarische Einzelgänger Richard Billinger

„Er hatte ein markantes, fast derbes, ein behäbiges, irgendwie feistes unverkennbares Aussehen, und das Lebhafteste an ihm waren seine Augen, die immer die des Partners suchten." So beschreibt der Wiener Journalist Heinz Wittmann in seinem Buch „Begegnungen mit Dichtern" sein erstes Zusammentreffen mit dem Schriftsteller Richard Billinger. Tatsächlich hat das hünenhafte Aussehen Billingers, das ihn sogar einmal dazu bewogen hatte, Athlet zu werden, sehr viel dazu beigetragen, in ihm einen typischen Vertreter jenes Menschenschlages zu sehen, der in dem uralten Bauernland zwischen Inn und Donau vielleicht am reinsten das bajuwarisch-österreichische Wesen verkörpert. Was Billinger freilich zum typischen Innviertler stempelte, war nicht so sehr der äußere Habitus, sondern war doch wohl mehr noch seine Dichtung, die, von der literarischen Umwelt sehr oft verkannt, dem Blut- und Bodenschrifttum zugereiht wurde, deren Ursprünge aber doch bei weitem tiefer – nämlich in jenem Übergang vom Heidentum zum Christentum – zu suchen sind, in dem eben auch Billinger lebte und das sich seiner bäuerlichen Umwelt noch nicht vollzogen hatte.
Die Landschaft, mehr noch ihre Stimmung, aus der auch Alfred Kubin und Margret Bilger so reich zu schöpfen wußten, ließ ihn an Hexen und Dämonen glauben und immer wieder tief in Urerinnerungen eintauchen, um seine Herkunft weit vor der Zeit zu ertasten.
So schreibt er etwa 1932 in „Woher ich kam": „Vielleicht im Traume reichen meine Adern zurück zum Herzen der Ahnen, ich spüre ihren

Bluttakt, ihren Seelenatem. Wieder bücke ich mich zum Amboß, tret' ich wie Ahn und Vorfahr den Blasebalg der Schmiede, behufe die Rösser, die Bauernknechte vor das Schmiedtor treiben. Stieg nicht einmal ein nackter Geselle vom Rosse, von der Götterwiese einer, von den Himmelsbebürdeten einer, und verlangte vom Ahn die Beschau der Hufe?"

In der dörflichen Umwelt mit ihrem damals noch fast rituellen Jahresablauf, tief verbunden mit der Natur, wuchs der am 20. Juli 1893 in St. Marienkirchen bei Schärding als drittes Kind eines Krämers und Landwirtes zur Welt gekommene Dichter auf. Seine Dorfkindheit hat er später in den Büchern „Die Asche des Fegefeuers", „Das Schutzengelhaus" und in dem 1948 entstandenen „Palast der Jugend" in mehrfacher Abwandlung geschildert. Der riesenhafte Jugendliche, dessen Fantasie ebenfalls ins Riesenhafte wuchs, sollte Geistlicher werden. Er kam ans Kollegium Petrinum nach Linz, später ins Gymnasium nach Ried. Nach Studiensemestern in Innsbruck und Kiel (wo er auch aktives Mitglied des dortigen Ruderklubs wurde), trieb es in schließlich in die Hauptstadt Wien.

Drei Themenkreise sind es, denen wir im Werk Billingers immer wieder begegnen: Natur und Mensch; Stadt und Land; Heidentum und Christentum. Simon Kreuzthaler, der abtrünnige Bauer in „Rauhnacht", fragt die Mutter: „Was soll ich fürchten?" Zur Antwort erhält er: „Das Draußen nicht! Das Drinnen!" Der Dämon im eigenen Inneren ist es, den wir zu fürchten haben. Das ist der tiefste Sinn in Billingers Spielen.

Wenn der Autor die heidnischen Archetypen seiner Innviertler Bauern auf die Bühne bringt, so könnte dies bedeuten, daß sich auch in der Glaubenswelt der Bauern, die wohl christlich überformt, aber noch nicht wahrhaft christlich ist, ein Wandel vollzieht. Und immer dann, wenn religiöse Vorstellungswelten nicht mehr geglaubt werden, dann sucht auch der Mensch bei alten Mythen Zuflucht oder schafft sich neue. Der literarische Einzelgänger Billinger blieb auch im Leben ein Einzelgänger. In den letzten Jahren seines Lebens, in denen er zwischen Linz, Wien und seinem Haus am Starnberger See hin und her pendelte, waren für ihn ein ständiges Abschiednehmen vom

Leben: „Langsam geht halt auch der Riese zu den Schatten, hätte noch gern einiges geleistet", schrieb er 1963 an Freunde. Am 7. Juni 1965 starb der Riese, der in Wahrheit eine Seele von der Zartheit eines Kindes hatte, in Linz. Er wurde in der Familiengruft seiner Base in Hartkirchen bei Aschach begraben.

Genie einer Nacht – Franz X. Gruber

Er gilt als Salzburger, manchmal sogar als Bayer und ist doch ein waschechter Innviertler und Oberösterreicher: Franz Xaver Gruber, der Komponist des wohl berühmtesten Weihnachtsliedes, des „Stille Nacht, Heilige Nacht". Als Franz Xaver Gruber am 25. November 1787 im „Steinpointnerschen Weberhaus" zu Unterweizberg, Gemeinde Hochburg/Ach, als fünftes Kind des Webers Josef Gruber das Licht der Welt erblickte, war das Innviertel nämlich genau 8 Jahre bei Österreich.

Schon früh zeigt der Bub musikalisches Talent, das auch der Schullehrer des Ortes, Andreas Peterlechner, anfangs noch gegen den Willen des Vaters zu fördern weiß. Holzklötzchen, die Gruber an der Wand anbringt, ersetzen ihm die Klaviertasten. Als der Lehrer eines Tages erkrankt, ist dies für den Zwölfjährigen die Chance, erstmals an die Öffentlichkeit zu treten. Er vertritt seinen Lehrmeister beim sonntäglichen Orgelspiel so vorzüglich, daß jetzt auch der Vater von seinem Talent überzeugt ist. Josef Gruber erlaubt seinem begabten Sohn nicht nur die Teilnahme am Musikunterricht, sondern kauft ihm sogar ein altes Spinett.

Bis zum seinem 18. Lebensjahr ist Franz Xaver wie der Vater als Weber tätig, bis er schließlich die Erlaubnis erhält, den Lehrberuf zu ergreifen. Gruber selbst schrieb später über die nun folgende Lehrzeit: „Franz Gruber, gegenwärtiger Chorregent und Organist bei der Stadtpfarrkirche Hallein..., kam, den Webstuhl verlassend, 18 Jahre alt, zum Herrn Georg Hartdobler, Stadtpfarrorganisten in Burghausen in die Lehre und brachte es nach nur drei Monate lang erhaltenem Unterricht so weit, bei fig. Aemtern den Generalbaß der dortigen

Orgel spielen zu können. Im Jahre 1806 ging er zum Schulfache und wurde ein Jahr darauf als Lehrer und Meßner bei der Nebenschule Arnsdorf angestellt ..."

Arnsdorf ist ein kleiner Ort im Salzburgischen, eine schwache Gehstunde von Laufen und ebensoweit von Oberndorf entfernt, mit eine alten Wallfahrtskirche und einem Mesnerhaus, das als Schulgebäude diente.

Bevor aber Franz Xaver Gruber hier seinen neuen Posten antreten konnte, gab es noch eine Reihe von Schwierigkeiten zu bewältigen, von denen die Ablegung der Lehrbefähigungsprüfung als die bei weitem leichteste erschien.

Weil das Kloster Michaelbeuern, dem Schule und Kirche gehörten, nach den französischen Kriegen in finanzielle Bedrängnis geraten war, war es zunächst an einer Weiterführung der Schule nicht weiter interessiert, was freilich wiederum die Schulbehörde in Salzburg nicht zulassen wollte. Eine jahrelange Auseinandersetzung zwischen Kloster und Behörde folgte, in deren Verlauf der Abt von Michaelbeuern neben finanziellen Gründen für die Einstellung des Schulbetriebes noch ein anderes Argument ins Treffen führte, das nicht nur der Kuriosität wegen Erwähnung verdient, sondern auch deshalb, weil es Gruber unmittelbar selbst betraf. Die Schule in Arnsdorf hatte nämlich wohl keinen Lehrer, dafür aber gab es hier eine Lehrerwitwe, die vor Neubesetzung der vakanten Stelle erst einmal „an den Mann" gebracht werden mußte. Den damaligen Salzburger Gepflogenheiten entsprechend, mußte nämlich ein untergeordneter Beamter vor Neueintritt eines Postens die Witwe seines Vorgängers mit „in Kauf nehmen", um dem Staat die Versorgung abzunehmen. Im Falle von Arnsdorf hieß dies, daß der künftige Lehrer auch gleichzeitig der Zukünftige der Wittib sein müßte. Für diese aber, so befand der Abt, würde sich nicht so schnell einer finden, „weil die hinterlassene Witwe eine ganz bäuerische Person sei, die für ein in der Stadt erzogenes und den Umgang mit feinen Weibsleiten gewohntes Mannsbild nicht geschaffen zu seyn scheint. Die Leute aus der Stadt sind gute bürgerliche Kost, Unterhaltung und Bequemlichkeit, nette Kleidung gewohnt, wogegen sich ein Lehrer am Land mit Roggenbrot und der einfachsten Lebensart begnügen muß. Darum seien Mißhelligkeiten in einer solchen Ehe zu befürchten." Aber sei es, daß Gruber gegen einfachste Lebensart nichts einzuwenden hatte, sei es, daß er den Umgang mit „feinen Weibsleiten" sowieso nicht gewohnt war, er heiratete jedenfalls die um 13 Jahre ältere Witwe, lebte mit ihr in 19jähriger Ehe gut zusammen und hatte mit ihr auch zwei Kinder.

Zur selben Zeit, da sich der Abt noch immer heftig gegen eine Neubestellung wehrte, schickte sich Gruber an, in Ried die vorgeschriebenen Prüfungen im „Normalschulfach" abzulegen. Am 22. Juli 1806 erhielt er das Zeugnis ...

„Herr Konrad Xaver Gruber von Hochburg aus dem Innviertel hat dem für Triviallehrer vorgeschriebenen Unterricht auf der hiesigen Hauptschule beygewohnt und bey der Prüfung gezeigt, daß er die Einleitung und die fünf Hauptstücke der vorgeschriebenen Lehrart: Das Verfahren bey dem Unterricht im Buchstaben kennen, Buchstabieren, Lesen, Schreiben, Rechnen, in der Religion, in der deutschen Sprache und Rechtschreibung wie auch bei Gegenständen, worüber der Jugend die Bücher mangeln, gut gelernt hat..."

Als Gruber allen Erfordernissen entsprochen hatte, die Prüfungen abgelegt, geheiratet hatte und sogar vom Militärdienst befreit wurde, tauchte noch eine letzte Schwierigkeit auf. Das Schuldirektorium von Salzburg sprach sich nämlich gegen die Ernennung des Oberösterreichers Gruber zum Lehrer von Arnsdorf aus, weil dieser als Innviertler ein „Ausländer" sei und man doch genug Bewerber aus Salzburg hätte.

Gruber eilte hierauf mit Empfehlungsschreiben ausgerüstet nach Salzburg, legte noch einmal eine Prüfung ab, bis er endlich die Lehrer- und Mesnerstelle in Arnsdorf übernehmen durfte, die er schließlich 22 Jahre innehatte. Neben dem Schulunterricht versah er hier auch den Organistendienst und da schließlich das nahegelegene Oberndorf im Jahre 1816 vom bayerischen Laufen getrennt wurde, konnte er auch in der Pfarrkirche St. Nikolaus in Oberndorf, wo später das „Stille Nacht" erstmals gesungen wurde, den Kantordienst übernehmen.

Um die Entstehung des „Stille-Nacht"-Liedes sind viele Legenden und Geschichten gesponnen worden. Wir wollen daher darüber den Komponisten selbst berichten lassen, der Jahre nach Entstehen des Liedes, als sich die Welt für dessen Urheber zu interessieren begann, folgende „Authentische Veranlassung zur Composition des Weihnachtsliedes" zu Papier brachte: „Es war am 24. Dezember des Jahres 1818, als der damalige Hülfspriester Herr Josef Mohr bei der neuerrichteten Pfarr St. Nicola in Oberndorf dem Organistendienst vertretenden Franz Gruber (damals zugleich auch Schullehrer in Arnsdorf) ein Gedicht überreichte mit dem Ansuchen, eine hierauf passende Melodie für 2 Solostimmen samt Chor und für eine Guitarre-Begleitung schreiben zu wollen. Letztgenannter überbrachte am nämlichen Abend noch diesem Musikkundigen Geistlichen, gemäß Verlangen, sowie selbe in Abschrift dem Original ganz gleich beiliegt, seine einfache Composition, welche sogleich in der heiligen Nacht mit allen Beifall produziert wurde." Weil die Orgel beschädigt war, verfaßte Gruber das Lied für Gitarre-Begleitung, die er selbst spielte. Mohr sang bei der Uraufführung die Tenorpartie, Gruber die Baßstimme und der Sängerchor wiederholte den Refrain.

Die schadhafte Orgel führte bald den Orgelbauer Karl Mauracher aus Fügen im Zillertal nach Oberndorf, der das Lied zuerst einmal in seine Heimat brachte, von wo es bald darauf durch Händler nach Leipzig kam.

Je bekannter das Lied wurde – es wurde schließlich auch dem Preußenkönig Friedrich Wilhelm IV. vorgetragen –, desto mehr wollte man über den oder die Urheber wissen. Die einen wähnten in ihm ein steirisches oder ein Tiroler Volkslied, die anderen sahen es als Komposition von Michael Haydn an. Dies veranlaßte 1850 die Königliche Hofkapelle Berlin beim Archiv des Salzburger Stiftes St. Peter nachzufragen, ob etwa dort ein Autograph des Liedes von Michael Haydn erhalten sei. Die Antwort wurde dem dortigen Chorinspektor des Stiftes dadurch erleichtert, da sich just zu der Zeit Grubers Sohn Felix als Sängerknabe in St. Peter befand und dieser erschöpfend Auskunft über die Entstehung des Liedes geben konnte bzw. den Vater zur Abfassung der vorhin zitierten „Authentischen" Erklärung veranlaßte.

Das Stille-Nacht-Lied blieb von der Publizität her Grubers größter Wurf, war aber bei weitem nicht seine einzige Komposition. Über 80 Messen und eine Menge geistlicher und weltlicher Lieder sind von ihm überliefert. Vor einigen Jahren hat sich der oberösterreichische Musikwissenschafter Günther Firlinger des musikalischen Nachlasses seines Landsmannes angenommen; hat die Werke gesichtet, geordnet und Spreu vom Weizen getrennt. Und wenn sich darunter auch kein großer Geniestreich mehr fand, wenn der Siegeszug des Stille-Nacht-Liedes unwiederholbar ist, so ist unter den Werken vielleicht doch noch die eine oder andere hübsche und nachspielwürdige Komposition, deren nachträgliche Veröffentlichung mit dazu beitragen soll, der Nachwelt einen weiteren Mosaikstein im Hinblick auf das Bild dieses volkstümlichen Künstlers zur Verfügung zu stellen.

Innviertler Ökonomen zeigen einen Weg

Auf einem Bauern- und Agrarland wie Niederbayern lastete durch Jahrhunderte eine große Verantwortung für die Ernährung aller Bürger des Landes, in diesem Falle des Kurfürstentums Bayern. Dieses Bewußtsein, verbunden mit dem Gedankengut der Aufklärung und einem dem tätigen Menschen eigenen Trieb zur Fortentwicklung der angewendeten Technologien, führte vor allem im Kreise der geistlichen Herren in Klöstern und Pfarrhäusern zu wirklich erstaunlichen Forschungen und Ergebnissen.

Am Anfang stand die Beschäftigung mit der Natur, das Sammeln und Beobachten von Pflanzen, Tieren, Mineralien oder auch die Wetterkunde, die Beobachtung der Gestirne, der jahreszeitlichen Veränderungen in der Natur. Auch die adeligen Schüler in den Gymnasien und Ritterakademien machten mit derlei Dingen mehr und mehr Bekanntschaft.

Berühmt wurde die Sittlich-Ökonomische Gesellschaft in Altötting, die von dem Geistlichen und Gelehrten Franz Xaver Hoppenbichl 1759 gegründet worden war und sich von der Sprachkunde zur Naturwissenschaft hin und schließlich der Förderung einer rationellen Landwirtschaft zuwandte.

1772 übersiedelte diese Gesellschaft nach Burghausen, wo dann ab 1779 in acht Bänden der „Bayerisch-ökonomische Hausvater" erschien, der nach und nach Eingang in die Köpfe interessierter Landwirte fand.

Es erscheint nicht von ungefähr, wenn gerade auf solcherart gut vorbereitetem Boden zwei bedeutende Persönlichkeiten alle ihre Fähigkeiten in den Dienst der Entwicklung der „Landescultur" stellten, zwei vorbildliche Musterbetriebe gerade im Innviertel aufbauten, europäische oder sogar überseeische Beziehungen knüpften und pflegten und letztlich den

Acker für die ausgezeichnete Ernährungslage Mitteleuropas im 20. Jahrhundert vorbereiten halfen.

Es waren dies die beiden bedeutenden Ökonomen Ferdinand Wertheimer (1817–1882) und Georg Wieninger (1859–1925).

Ferdinand Wertheimer wurde als Sohn einer jüdischen Bankiers- und Grundbesitzerfamilie 1817 geboren und beschäftigte sich seit früher Jugend mit den Naturwissenschaften und besonders mit Chemie, vor allem im Zusammenhang mit der Landwirtschaft. Mehrjährige Studienreisen führten ihn durch ganz Deutschland und Österreich, Frankreich, England, Belgien und Ungarn, wo er immer wieder auf größeren Gütern längeren Aufenthalt nahm.

1851 konnte Ferdinand Wertheimer mit dem ihm vererbten Vermögen die Herrschaft Ranshofen – den ehemaligen Stiftskomplex samt Ökonomie – erwerben und nun seine eigene Gutswirtschaft aufbauen. Er holte dazu die neuesten landwirtschaftlichen Maschinen aus England ins Innviertel und aus dem Allgäu eine hier bislang unbekannte Rinderrasse. Er führte Meliorationen durch, beschäftigte sich mit Fischzucht, wendete konsequent die achtfeldrige Fruchtfolge an, baute in Ranshofen neue Pflanzensorten wie Raps und Hopfen an, setzte Kunstdünger ein, betrieb aber ebenso eine aufwendige Kompostierung und führte eine damals außerhalb der Finanzkreise noch unbekannte doppelte Buchführung.

Ranshofen galt daher bald als Mustergut, das von Studenten aus München, Weihenstephan und Oberösterreich gerne und oft besucht wurde.

Ferdinand Wertheimer arbeitete in vielen landwirtschaftlichen Vereinen mit und beteiligte sich mit seinen Rindern an zahlreichen Landesausstellungen. 1867 in den oberösterreichischen Landtag gewählt, übernahm er 1870 das „Referat für Landescultur und Forstwirtschaft". Er veröffentlichte außerdem zahlreiche Artikel zur Reform der landwirtschaftlichen Gesetzgebung.

Wertheimer war auch wesentlich an der Errichtung der Bahnlinien Neumarkt-Braunau und München-Simbach beteiligt.

Bis zuletzt hatte der Ehrenbürger von Ried, Braunau und Ranshofen sein politisches Mandat inne. Er starb mit 65 Jahren 1882 in Wien.

Ing. Georg Wieninger wurde 1859 als Sohn der Brauerei- und Gutsbesitzerseheleute Georg und Theresia Wieninger auf dem elterlichen Gut in Otterbach bei Schärding geboren. Nach dem Besuch der Volksschule in Schärding, dreier Klassen des Staatsgymnasiums in Linz und der Kreisrealschule in Passau ging er an die königliche Industrieschule in Nürnberg. Von Jugend auf naturwissenschaftlich interessiert und vielseitig aufgeweckt, konnten seine Lehrer – besonders in Passau und in Nürnberg – Wieningers naturwissenschaftliches Interesse wecken: Physik, Chemie, Zoologie, Mineralogie, Botanik und Meteorologie waren die Sachgebiete, in denen Wieninger von seinen Lehrern als Assistent herangezogen wurde. Nebenbei besuchte der strebsame und wißbegierige junge Mann auch noch die Bau- und Kunstgewerbeschule in Nürnberg.

Ab 1877 konnte Wieninger seine Studien an der Hochschule für Bodenkultur in Wien sowie an der medizinischen Fakultät der Universität Wien wie auch an der Veterinärmedizinischen Hochschule fortsetzen. Zwischendurch führten ihn viele Reisen durch Europa, auf denen er seine Sprachkenntnisse in fünf Fremdsprachen erweitern konnte. 1878 leistete Wieninger sein Einjährig-Freiwilligenjahr bei den Vierer-Dragonern im nahen Wels ab.

Nach dem Tode seines Vaters übernahm Georg 1887 den Gutsbesitz zu Otterbach. Er führte die erfolgreiche Zucht der erst von seinem Vater eingeführten Simmentaler Rinder weiter, betrieb daneben aber auch Pferde- und Schweinezucht.

Der gesellige Gutsherr, der völlig entgegen allen Gepflogenheiten mit seinen Angestellten an einem Tisch aß, nannte bald eine Pferdezucht mit drei bis vier Stuten, 50 bis 60 Rinder, 30 Sauen und 200 Mastschweine, einen Geflügelhof mit

80 Hennen, rund 20 Bienenstöcke sowie eine Forellen- und Perlmuschelzucht sein eigen.

1890 richtete Georg Wieninger in Otterbach die „Bauernhochschule Otterbach" ein. 1894 gründete er den Simmentaler Rinderzuchtverband, 1895 ein Volksmuseum mit bald 70.000 naturwissenschaftlichen Exponaten.

Gleichzeitig mit Otterbach betrieb Wieninger auch in Paraguay ein landwirtschaftliches Gut, das ein Verwandter betreute.

1900 entstand mit Unterstützung des Ackerbauministeriums in Wien eine landwirtschaftlich-chemische Versuchsstation und die Butterverwertungsgenossenschaft Schärding; 1902 gab es die ersten genossenschaftlichen Molkereien, aus denen der Schärdinger Molkereiverband, eine für ganz Europa vorbildliche Einrichtung, hervorging. Immer weiter strebend, gründete er 1906 eine Honigverwertungsgenossenschaft in Otterbach.

Über verschiedene öffentliche Ämter stieg Wieninger zum Präsidenten der Landwirtschaftsgesellschaft, später zu einem Berater des Ackerbauministeriums auf. Er war auch für seine engere Heimat stets verfügbar, etwa als Gemeinderat und Vizebürgermeister von Schärding.

Obwohl 1904 Konsul der Republik Paraguay, konnte er den durch Unregelmäßigkeiten herbeigeführten wirtschaftlichen Zusammenbruch seines Gutsbetriebes in Übersee nicht verhindern, ja noch schlimmer, er wurde auch zum Verkauf von Otterbach genötigt. Dort hatte er 1910 eine landwirtschaftliche Frauenschule, eine landwirtschaftliche Winterschule und Obstbaukurse, Obstverwertungslehrgänge und Bienenzüchterkurse eingerichtet.

1912 übernahm das Land Oberösterreich das Gut Otterbach samt allen Einrichtungen. Nach dem Verkauf seines Gutes ging Wieninger nach Wien, beriet das Ministerium und wirkte als Dozent an der Tierärztlichen Hochschule. 1925 verstarb er 66jährig in Wien. Er ruht in der Familiengruft in Schärding.

Der charakteristische Gutshof ist heute abgebrochen, das Museum zerstört, die Sammlungen in alle Winde zerstreut!

Geblieben sind ein Grab und ein Denkmal in Schärding und ein
für Europa lebenswichtiger Schritt heraus aus der Sackgasse
der Boden- und Ernährungsangst. Mit „Volk ohne Raum"
verbalisierte der Schriftsteller Hans Grimm damals diese Angst;
Sein Buch lieferte eine jener unglückseligen Parolen, die
schließlich den militärischen Überfall auf Nachbarländer legi-
timieren sollten. Dank der landwirtschaftlichen Fortentwicklung können die europäischen Völker heute ohne Bodenansprü-
che an ihre Nachbarn bestehen. Wertheimers und Wieningers
Verdienste in diesem Zusammenhang sind unschätzbar, sie
sind die Väter eines neuen produktiven Landbaus.

Innviertler Forste

Die niederbayerischen Herzöge mußten aus wirtschaftlichen Erwägungen schon sehr früh auf die Pflege der herzoglichen Forste schauen. Sie brachten – nach den Salinen von Reichenhall und den Silberbergwerken von Schwaz und Rattenberg – die bedeutendsten Einnahmen. Die Bewirtschaftung wurde durch die Forstordnungen, etwa jene von Herzog Ludwig dem Reichen, festgelegt. Sie bestimmten zum Beispiel, daß Bauholz und Ahornbäume für Löffelmacher und Drechsler nur auf besondere herzogliche Genehmigung hin geschlagen werden durften und ähnliches.

Die westliche Waldregion des Oberen Innviertels besteht aus Siedelberg, Lachforst, Adenberg und Weilhart, die östliche aus Kobernaußerwald, Höhnhart und Schachen.

Der Weilhart, ab dem 11. Jahrhundert bei den Welfen, war zuvor, wie sämtliche Waldungen im Reiche, Königsgut gewesen. Der Höhnhart war zum Großteil an Bamberg vergabt und erst 1439 über die Kuchler an die Wittelsbacher gekommen. Der Kobernaußerwald, ebenfalls großteils landesfürstlich, auf besserem Boden, hat seinen ursprünglichen Laubwaldcharakter, von Buchen bestimmt, in einzelnen Teilen bis heute bewahren können. Wieder ein Stück fast unberührter Natur im Innviertel.

Andererseits gab es erfreuliche Fortschritte in einer guten Bewirtschaftung und Aufschließung des Waldlandes.

Die geforderte Verbesserung der Holzliefermöglichkeiten führte 1765 zur Errichtung der vier Klausteiche am Riedlbach, auch Schwemmbach, und nach dem Hochwasser von 1897 zum Bau einer Schleppbahn. Die Errichtung einer Glashütte im Waldland wurde von der herzoglichen Regierung aus Rücksichtnahme auf die Jagdinteressen mehrfach abgelehnt. Erst nach dem Anschluß an Österreich gelang es dem Glasermeister Anton Hauer aus dem Stiftswald von Schlägl im Mühlviertel, die staatliche Genehmigung zur Errichtung einer Hütte und Stampfe mit vertraglich garantierter Holzversorgung in Weißenbach, dem heutigen Schneegattern, zu erwirken.

Mit einem Teil des Holzes wurde auch Holzkohle gebrannt, die für den Betrieb der Eisenhämmer um Schalchen und Lochen benötigt wurde.

In Schneegattern und Munderfing wurden später zur Holz- verarbeitung große Dampfsägen errichtet. Eine lebendige Wald- und Forstwirtschaft prägt das Obere Innviertel bis heute!

Aus den schon vor tausend Jahren königlichen Forsten im Mattigtal war vor 1900 nochmals ein bevorzugtes kaiserliches Jagdrevier geworden, das vom österreichischen Thronfolger Erzherzog Franz Ferdinand, einem beinahe manischen Nimrod, häufig aufgesucht wurde. Seiner Hoheit und dero Gästen, darunter natürlich auch für wichtige Staatsbesuche, errichteten die Staatsbahnen ein besonders aufwendiges Aufnahme- gebäude zu Straßwalchen. Dort stiegen die kaiserlichen Hohei- ten und Exzellenzen von der Westbahn auf Kutschen und Kaleschen um, und ab ging's nach Mattighofen zum Erzherzog Thronfolger.

Nicht von ungefähr, gerade am serbischen Nationalfeier- tag, dem 28. Juni 1914 fiel der reformfreudige Erzherzog, wenige Tage nach seinem letzten Jagdaufenthalt in den Mattighofener Revieren, unter den Kugeln eines serbischen Nationalisten vor dem Rathaus von Sarajewo in Bosnien- Herzegowina. Der Erste Weltkrieg war ausgelöst. Die Monarchie brach nach vier Kriegsjahren auseinander, und niemals mehr betrat eine kaiserliche Hoheit die Forste, das Schloß oder das Stationsgebäude. Während aber der feudale Bahnhof fast ab- sichtlich kaputtgewirtschaftet und zuletzt abgebrochen wurde, pflegen die Österreichischen Bundesforste die einst agilolfingischen, später fränkischen Waldgebiete und das zuge- hörige Schloß Mattighofen weiterhin vorbildlich. Kontinuität im Wandel!

Weitaus schwieriger zu bewirtschaften sind die Forste im unwirtlichen Bergland des Sauwaldes, von typischen, steilen Gräben durchzogen, mit dem schluchtartigen Steilabfall zu Inn und Donau. Hier ist der einst ebenfalls königliche Wald erst an die Grafen von Vornbach, später an die Hallgrafen von Wasserburg und zu guter Letzt wie in vielen anderen Fällen in fürstbischöfliche Hände gekommen.

1782 – drei Jahre nach Teschen – vom Fürstentum Passau an Österreich übergeben und 1803 überhaupt enteignet und vom Staat eingezogen, wurde etwa die Herrschaft Vichtenstein 1862 wieder weiterverkauft und kann heute ebenfalls eine vorbildliche Forstwirtschaft vorweisen, die ihrerseits wieder eine kleinere und eine große, bedeutende Burganlage mitzutragen hat. Die einmalige Schönheit des waldreichen Durchbruchstales der Donau unterhalb von Passau und der straßenbeschützenden Bannwälder bleibt damit bestens gewahrt. Das einst passauische Waldtal ist heute der erste Eindruck, den der von Passau kommende Besucher von Österreich gewinnt.

Das Innviertel ist das Natursanatorium Oberösterreichs

Bereits vor tausend Jahren zogen Siedlermönche aus dem Passauerland südwärts, um auf unbekannten Pfaden in ein riesiges Waldreich einzudringen. Diese Urwaldgebiete sind zum Teil heute noch erhalten: Sauwald, Hausruck- und Kobernaußerwald sind letzte Ausläufer des einst unübersehbar gewesenen böhmischen Waldes – grüne, unsagbar stille Herzstücke des Viertels zwischen Inn und Donau. Vornehme Waidherren jagten hier ehemals gewaltige Keiler, und an den verzauberten, kristallklaren Bachläufen sammelten in tiefen Waldschluchten Perlenfischer ihre schimmernden Schätze. Heute noch werden hier prachtvolle Wildbachforellen von Menschenhand dressiert. In der Erledtmühle bei Engelhartszell, dem wunderschönen oberösterreichischen Grenzort mit der Trappistenabtei, kann man die munteren Forellen über einen Stock springen sehen.

Das Innviertel ist eine sagenumwobene Gegend. In wildromantischer Umgebung atmen Historie und Mären aus vielen Jahrhunderten. In dieser Ecke, wo Österreich und Bayern einander grüßen, stellt man fest, daß die Eile der Zeit die Menschen in den Einschichtdörfern kaum verändert hat. „Der Boden ist reich, die bäuerliche Bevölkerung relativ wohlhabend", wird einem überall bestätigt. Darum werden auch heute noch zwischen Ostern und Erntezeit frohe Feste gefeiert – nach altem Innviertler Bauernbrauch. Man trifft sich beim „Kirta" und freut sich des Lebens.

Auch mit Fremden verkehrt der Wirt in den meist behaglichen Gaststuben wie mit eigenen Hausleuten, und das „Du" ist beinahe selbstverständlich. Es ist, als bezöge der Gast die Kräfte für die Erholung seiner strapazierten Nerven im Innviertel noch aus der behäbigen Stille des ganzen Landes und seiner Menschen. Die erstrebte Regenerierung vollzieht sich auf gänzlich natürliche Weise. Und es ist kein Wunder, daß gerade in Schärding eine der größten Naturheilstätten, die älteste Kneipp-Kuranstalt Österreichs, existiert. Bereits vor der Jahrhundertwende wirkte in der alten Barockstadt am Inn Doktor Ebenhecht, einer der ersten Schüler des Wasserdoktors Kneipp, als Arzt in einer eigenen Kneipp-Anlage. Die Patienten kamen aus allen Teilen der österreichisch-ungarischen Monarchie zur Kur nach Schärding. Immer wieder auf den neuesten Stand gebracht, besitzt Schärding mit dieser Kneipp-Kuranstalt eine der modernsten seiner Art.

Aber auch andere Kuren – Luft- und Sonnenkuren zum Beispiel – können im Innviertel gemacht werden. Ganz besonders die Orte der Sonnenterrasse des Sauwald-Berglandes laden dazu ein: Esternberg, Freinberg, Schardenberg, Wernstein, Münzkirchen und St. Roman, um nur einige zu nennen.

Auf weiten, schönen Wanderwegen werden nicht nur die Lungen mit reiner Waldluft vollgepumpt, auch romantische Dinge können entdeckt werden. Engelhartszell, Waldkirchen-Wesenufer und das stille Rainbach gehören sicherlich dazu. Die Orte des Pramtales, wie Andorf, Raab, Enzenkirchen, Zell und die Inn-Ufergemeinden St. Florian und Suben, strahlen – zwischen uralten Hochforsten gelegen – schon beim Anblick Ruhe und Beschaulichkeit aus. Natürlich gibt es in diesem gewässerreichen Grenzwinkel viele Bade- und Wassersportmöglichkeiten.

Für Kunstfreunde und Naturliebhaber ist eine Menge zu entdecken. In der Innviertler Landschaft tauchen viele versunkene Schloßstätten auf; die verwunschene Burg Krempelstein erfreut den Betrachter nicht weniger als etwa der Anblick tausender Schneeglöckchen, wie man sie im Frühling auf den Engelhartszeller Flächen bestaunen kann. Die frühsommerlichen Arnika-Heiden auf den Haugsteiner Bergmatten sind ein nicht minder erhebendes Naturschauspiel. Und auf den in Urwaldeinsamkeit verlorenen Burgstätten im Donautal bis zur Schlögenschlinge fühlt man sich zurückversetzt in die Zeit des Mittelalters.

Den Eindruck ewiger Wälder vermitteln – allein schon durch ihre Ausdehnung – Hausruck- und Kobernaußerwald. Will man die jagende Zeit ein wenig zum Stillstand bringen, hier gelingt es. Im Bergort Haag ist man ebenso gut aufgehoben wie im einschichtigen

Eberschwang oder im heiteren Geinberg zwischen Flußröhricht,
Auwäldern, Mooseinsamkeit und Hochforsten. Orte bäuerlicher
Ursprünglichkeit wie Stelzhamers Groß-Piesenham, Pramet oder
Schildorn tragen das ihre zur Beschaulichkeit bei. Und so manches
dunkle, saftige Bauernbrot mit würzigem Speck ergänzt diesen „see-
lischen" Genuß.

Aus der Geschichte einer alten Innviertler Familie

Zu den typischen Eigenschaften alter Kulturvölker gehört die schon in ganz alten Zeiten entwickelte Pflege der Familientradition. Sie hat ihren natürlichen Ursprung im Familiensinn. Und je tiefer der Familiensinn in einem Volk verwurzelt ist, desto höher ist sein Kulturwert. So ist in der Kenntnis der Vergangenheit jene Heimatliebe verankert, die sich nur von Geschlecht zu Geschlecht durch Tradition vererbt.

War früher die Pflege der Familientradition ein Privilegium des Adels und des vornehmen Bürgertums, so haben sich im Laufe der Zeit auch das erbeingesessene Bauerntum und der Handwerkerstand der Familienkunde angenommen. In Oberösterreich gibt es eine große Anzahl von Familien, die eine bis ins 16. Jahrhundert reichende Geschichte nachweisen können.

Zu diesen Familien gehören auch die Familien Rödhamer und Redhammer. Alle Familien dieser beiden Namen können urkundlich nachweisen, daß sie ihre Stammheimat in der alten Pfarre Raab im Innkreis haben. In der heutigen Pfarre und Gemeinde Altschwendt, die vor dem Jahre 1854 zur Pfarre Raab gehörte, liegt die Ortschaft und Katastralgemeinde Rödham. Der Name dieser Ortschaft ist – wie bei vielen anderen Orten auch – ein Rodungsname und hat weder mit roter Farbe noch mit dem Werkzeug Hammer zu tun. Die Silbe „röd" entstand durch Lautverschiebung aus dem althochdeutschen riuti – rout (erhalten in dem Wort „Rodung"). Die Silbe „ham" ist mundartlich und bedeutet „heim". Siedlungsgeschichtlich ist Rödham einst das Heim der Rodungsleute gewesen. Jede Sippe erhielt zur Zeit der dritten Besiedlung (955 bis 1200 n. Chr.) unseres Landes eine bestimmte Fläche Bodens zur Rodung zugewiesen. Der Rodungsboden wiederum wurde innerhalb der Sippe an die stärkeren Familien verteilt. Übrigens gibt es in Oberösterreich noch drei andere Ortschaften mit dem Namen Rödham.

Die Geschichte der Familie Rödhamer beginnt mit dem Jahre 1176. In einer Urkunde des Stiftes Reichersberg scheint im selben Jahr ein Hugo de rutheim als Zeuge einer Schenkung auf. Vier Jahre später finden wir Hugo de Ruthaimen nochmals in einer Reichersberger Schenkungsurkunde als Zeugen verzeichnet. Da nur Freie zeugenfähig waren, müssen die Vorfahren der Familie Rödhamer begütert gewesen sein. Ebenfalls in einer Reichersberger Urkunde wird im Jahre 1200 ein Ortolf de Riuthaimen als Zeuge erwähnt. Papst Gregor IX. bestätigte am 27. November 1236 dem Stifte Suben alle Rechte und Besitzungen, wobei auch der Name Routhaim vorkommt. Das Stift Suben besaß also in der Ortschaft Rödham Grund und Boden, ebenso wie das Stift Reichersberg. 1246 wird der Name Rutheim anläßlich einer Schenkung an das Kloster Formbach erwähnt. In der darauffolgenden Zeit verloren die Rödhamer ihre Freiheit und wurden Untertanen der Stifte Suben und Formbach. Das Jahr 1433 bestätigt uns bereits das Vorhandensein von zwei Namensträgern Retheim: Wernhart Retheim war dem Abt von Formbach und Hans Retheim dem Probst von Suben untertan. In den Urkunden von 1534 begegnet uns ein Thoman Retheimer. Zwischen 1524 und 1539 amtiert ein Nikolaus Räthhamer als Registrator bei der niederösterreichischen Landesregierung, und 1566 stirbt in Wien als Sekretär der gleichen Verwaltungsbehörde ein Laurenz Reuthamer.

Der bereits 1534 erwähnte Thoman Retheimer hatte einen Sohn Adam (I.) Routheimer, der Susanna Sächerl heiratete. Deren beider Sohn Johannes verehelichte sich mit Barbara Haslinger und wurde Vater von sieben Kindern (Helena, Thomas, Sebastian, Valentin, Leonhard, Dorothea und Georg). Dieser Johannes ist Stammvater aller noch lebenden Träger der Namen Rödhamer und Redhammer. Valentin Rötthammer gründete eine eigene Linie. Verheiratet mit Martha Voglmayr vom Voglhof, gebar ihm diese sechs Kinder (Adam II., Susanna, Mathias, Hans, Wolfgang und Lorenz). Nach dem Tode des Vaters übernahm Adam II. das elterliche Gut und verehelichte sich mit Maria Spading aus Zell a.d.Pram. Dieser Ehe war eine große Kinderzahl beschieden. Der Sohn Simon erlernte das Bäckerhandwerk und ließ sich in Obernberg am Inn nieder. In erster Ehe war er seit

28. Juli 1665 mit der Bäckerswitwe Elisabeth Grueber verheiratet, die zwei Söhnen das Leben schenkte. Anscheinend waren schon damals Ehe- mit Wirtschaftsinteressen verbunden. Nach dem Tode seiner ersten Frau heiratete er am 12. Februar 1669 Barbara Rothner aus Reichersberg, die in 18jähriger Ehe Mutter von neun Kindern wurde. Sie starb am 11. April 1687. Simon Rödhammer trat am 1. Juni 1688 zum dritten Mal vor den Traualtar, um Anna Maria Zöberin heimzuführen. 26 Jahre dauerte dieser dritte, kinderlose Ehestand und wurde durch den Tod der Anna Maria gelöst. Simon Rödhammer starb am 9. Juni 1725 in Obernberg im Alter von 9o Jahren.

Mathias Röthamer erlernte ebenfalls das Bäckerhandwerk und wurde Bürger der Stadt Schärding. 1641 kaufte er das Haus Nr. 111 vom Bäckermeister Abraham Hafner und heiratete dessen Tochter Magdalena. Aus dieser Ehe stammten drei Söhne. Einer davon, Laurenz Redhamer, besuchte von 1658 bis 1663 das Jesuiten-Gymnasium in Linz, erhielt am 20. November 1670 zu Klosterneuburg vom Passauer Weihbischof Dr. Jodok von Brendt-Höpfner die niederen Weihen und am 23. Mai 1671 in Wien von Erzbischof Wilder die Priesterweihe. Von da an verliert sich seine Spur. Der zweite, Jakobus Röthamber, erlernte das Sattlerhandwerk und heiratete am 8. Februar 1673 die Weinwirtstochter Eva Schachner aus Wasserburg in Bayern. Jakobus ließ sich in Obernberg am Inn nieder. Er starb am 5. Mai 1685 als Bürger dieses Marktes. Seine Frau starb am 1. Oktober 1688, Mathias Röthamer, der dritte Sohn, war zuerst Taglöhner, dann Schiffmann. Von ihm stammt die Nauflezer-Familie Rödhammer in Obernberg ab, die dem Beruf über 250 Jahre treu blieb. Der letzte Nauflezer von Obernberg war der im Jahre 1866 geborene und 1954 verstorbene Josef Rödhammer. Mit ihm wurde zugleich die 400 Jahre alte Schiffertradition von Obernberg zu Grabe getragen.

Hans, der dritte Sohn des Valentin Röthammer, erlernte, wie sein Bruder Mathias, das Bäckerhandwerk und ließ sich gleichfalls in Schärding nieder. Er erwarb 1634 das Haus Nr. 25 in der Silberzeile und besaß dieses bis zu seinem Tod im Jahr 1655. Leonhard, sein Sohn, besuchte 1661 bis 1666 das Jesuiten-Gymnasium in Linz, trat noch im Jahr 1666 in das Stift Reichersberg ein und legte 1667 die Profeß ab. Nach zwei Jahren im Stift wurde er 1669 an die Akademie nach Dillingen (Bayern) entsandt, um dort seine Studien fortzusetzen. Am 1. Dezember 1670 wurde er Baccalaureus und am 19. Juli 1672 erhielt er den Titel Magister der Philosophie und der freien Künste. Kandidat der Theologie und des Kanonischen Rechtes war er ebenfalls. Nach Abschluß seiner Studien kehrte er nach Reichersberg zurück und wurde 1674 zum Priester geweiht. Nach vier Jahren an der Stiftspfarre war er dann 1678 bis 1680 Kooperator in Ort im Innkreis, 1680 bis 1683 Kooperator in Edlitz, Niederösterreich. 1683, zur Zeit des Türkenkrieges, war er Kooperator und 1684 bis 1699 Pfarrer in Pitten. Im Jahre 1699 wurde er als Senior in das Stift berufen, wo er am 28. November 1714 starb.

Wolfgang, der vierte Sohn Valentin Rötthammers, heiratete am 15. Juli 1642 in Zell a.d.Pram Katharina, eine Tochter des Sebastian Hoffinger auf der Wagneredt Nr. 4. Das Hochzeitsmahl wurde laut Vermerk im Trauungsbuch beim Wirt Wolf Käser in Altschwendt gehalten. Aus dieser Ehe stammten fünf Söhne: Andreas, Johann-Georg, Mathias, Thomas und Georg. Das Bauerngut war der Grundherrschaft Zell untertan. Seit damals trägt das Anwesen den Namen „Rödhammergut in der Wagneredt". Nach dem Tode des Vaters übernahm 1674 Johann Georg den Hof. 1694 gab ihn dieser an seinen Sohn Adam weiter. Adam starb um 1724. Maria, die einzige Tochter des Adam Rödhammer, heiratete am 29. Mai 1724 den Bauern Jakob Fasthuber vom Mayrgut in Altschwendt, und der Sohn Nikolaus verehelichte sich 1721 mit Sophie Schlöderer von Laufenbach. So kam der Hof in der Wagneredt nach drei Generationen in fremde Hände. Der gleichnamige Sohn des Nikolaus wurde am 10. Juni 1763 durch Kaiserin Maria Theresia in der Batschka angesiedelt. Die tragischen Ereignisse des Zweiten Weltkrieges veranlaßten die Nachkommen im September 1944, das fruchtbar gemachte Land wieder zu verlassen. Sie zogen mit einem Flüchtlings-Treck in die alte Innviertler Heimat zurück und leben seit 1946 im bayerischen Landkreis Weilheim.

Von Leonhard (1584–1622), einem Sohn des Valentin Retheimer und *der Barbara Haslinger, stammen alle noch in Raab, Linz und Salzburg lebenden Rödhamer ab.*

Die in Mayrhof, Ort im Innkreis und Taufkirchen a.d.Pram lebenden Familien Redhammer können ihre Abstammung vom bereits erwähnten Adam II. ableiten, der zahlreiche Nachkommen hatte.

Alfred Kubin und das Innviertel

Innviertel. Frische Wiesen, satte Äcker, behäbige Bauernhöfe mit uralten Hausnamen wie der „Schwertl", der „Lanz", der „Badhoazer", der „Pfeiffer" des ehemaligen Uttendorfer Schlosses in Gaismannslohen (eigentlich „Kammerslehen"). Weiler und Dörfer an Bächen und Flüssen, Märkte und Städte mit weiten Plätzen. Wegkapellen mit Hinterglasbildern und einem geschnitzten Herrgott. Gotische Kirchtürme mit barocken Zwiebelhauben. Ringsum dehnen sich weite Wälder, steigen Hügelketten sanft an. Darüber steht an klaren Tagen das Gebirge.

Innviertel. Selbstbewußte Bauern, die mit Verachtung zur „Bettelhöh'" hinüberblicken, wo die armen Häuselleut' wohnen und sich wundern, wenn der Pfarrer mit seinem Knecht – dem Geistlichen Herrn – zusammen ausgeht. Männer, die es gewohnt sind, ihre Meinung gerade heraus zu sagen. Frauen, die ihr Hauswesen mit starker Hand leiten. Weiber, die ihre angestammten Plätze in der Kirchenbank verteidigen. Resche und fesche Madeln, die nicht fad sind, wenn sie ein Bursch anredt. Burschen, die eine Macht im Ort sind, wenn sie sich zu einer „Zech" zusammengeschlossen haben, die gern raufen auf dem Tanzboden (s'erste Glasl aufs Licht – im Finstern kann man besser werken) und die auch gegen den Pfarrer aufmucken, wenn er es wagt, den Beichttag auf einen Bauernfeiertag zu legen, was einen freien Tag kostet. „In der einen Hand 's Messer, in der andern den Rosenkranz" – wie im benachbarten Niederbayern.

Innviertel. Land uralten Brauchtums. Hier lebt man noch mit dem Kirchenjahr. Dahinter steht viel vorchristlicher Brauch. Man redt nicht viel darüber, aber man spürt's allenthalben. Zur Taufe kommen nur die Hebamme und die Patin. Aber der Totenkult ist lebendig. Bei einer Leich' drängen sich die Leut' zu Tausenden. Der Sarg wird vom Haus abgeholt, wenn man auch zwei Stunden Gehzeit zur Pfarrkirche hat. Betritt man die Kirche, so grinsen einen als erstes die bemalten Totenschädel der Vorfahren an. Zum Opfergang geht man um den

Altar herum, dann aber verläßt man die Kirche. Bei der Wandlung ist sie halb leer, und bei der Kommunion ist der Pfarrer mit den Ministranten und den nächsten Angehörigen allein.

Hier ist noch die Rauhnacht lebendig. Da sind die dunklen Mächte entfesselt, da wird das Böse übermächtig:

Weil heut die große Rauhnacht ist,
wird zum Gebot die Lug und List,
Dreifaltigkeit, die trauert allein
in der Ewigkeit auf einem Stein.

So Richard Billinger in seiner „Rauhnacht", wo triebhafte Liebe und Zerstörungswut den Menschen übermächtigen, wo Liebes- und Todestrieb sich verschlingen und Simon und Kreszenz ins Verderben reißen.

Zwickledt heißt der Weiler, nahe Wernstein am Inn. Da steht das „Schlößl", die „Arche" Kubins. Er kam hier in eine Welt, die der seinen verwandt ist, nur daß er sie bewußter erlebte. Überall lauern geheimnisvolle Dinge. Das unscheinbarste Geschehen zeigt eine unheimliche Seite: Die Magd, die den Hahn schlachtet, vollzieht eine magische Opferhandlung, der Föhnsturm, der ums Haus orgelt, führt eine Schar von Geistern mit sich, die Mühle im Tal ist verschwunden und verzaubert.

Auch Kubin hat seine „Rauhnacht" geschaffen. Da geben sich Hexen und Zauberer ein Stelldichein. Da werden Kinder entführt, Erhängte geviertteilt und gekocht, Särge durch die Luft entführt. Allerlei Getier ist aufgeboten, alles, was da kreucht und fleucht: Kröten, Schlangen und Mäuse, Libellen, Eulen und Fledermäuse, denn:

Der Teufel lockt die Fledermäus
und lasset aus die Schaben
Die alten Weiber füttern d'Läus,
der Galgen alle Raben

Wasser und Sumpf werden von Unholden und bösem Getier bevorzugt: Da streiten sich Nixe und Wassermann um einen gefangenen Rochen, da entsteigt Leviathan der Flut und bleckt die Zähne.

Nicht einmal die Toten haben in der Rauhnacht Ruhe. Da sind zwei Gerippe dem Grabe entstiegen; er macht ihr eine Liebeserklärung. Liebe und Tod: die Urthemen der Kunst Kubins. Sie sind aufeinander bezogen: Der Tod ist in der Liebe und die Liebe im Tod.

Zum Schluß weicht der Spuk. Der Morgen graut. Die Müllerin steht vor der Tür und späht hinaus. Die Hexen sind verschwunden. Der Alltag beginnt wieder.

Auch der Innviertler lebt gewöhnlich im Alltag, und da ist er Herr über Triebe und Mächte. Aber abseits davon ist das Innviertel das Land der Messerstechereien. Der Innviertler liebt das Leben und nimmt den Tod hin. Leben und Tod sind voller lichter und dunkler Geheimnisse. Den dunklen unter ihnen hat Alfred Kubin nachgespürt.

8

217

Alfred Kubin, Leviathan, Lithographie aus der Folge „Rauhnacht"

218

Keinem Weltkrieg entronnen

Als aus dem österreichischen Feldzug gegen Serbien 1914 der bereits lang befürchtete Weltkrieg der großen Weltmächte gegen den Block der konkurrierenden Mittelmächte wurde, standen österreichische und bayerische Regimenter Seite an Seite an allen Fronten Europas, vornehmlich tief in Galizien, sodann in Südtirol und am Isonzo.

Als 1918 das Deutsche Reich und Österreich-Ungarn gleichzeitig zerbrachen, wäre im Sinne der freien Selbstbestimmung der Völker der Eintritt „Deutsch-Österreichs" und Bayerns in eine allgemeine Deutsche Republik vorgegeben gewesen.

Die Friedensbestimmungen von St. Germain und Versailles zeichneten für die nunmehr demokratischen Staaten jedoch neue Wege vor, Wege, die nicht einfach zu gehen waren und sehr bald eine dramatische politische Entwicklung auslösten.

Am 13. März 1938 überschritt die Deutsche Wehrmacht den Inn. Der „Führer und Reichskanzler" Adolf Hitler wählte bei seinem Einzug nach Österreich den Weg über seine Geburtsstadt Braunau am Inn.

So manche Innviertler machten wie viele andere Österreicher auch im „neuen Reich" anfänglich begeistert mit. Aber bevor sie es sich noch überlegen konnten, steckten sie auch schon in feldgrauen und schwarzen Uniformen und fort ging' s – zum zweiten Mal in diesem Jahrhundert – an alle Fronten Europas. Ein grauenhafter Blutzoll und schreckliche Verwüstungen bildeten schließlich das Ergebnis.

Im Mai 1945 endete der Krieg etwa dort, wo einst das „Großdeutsche Reich" ausgerufen worden war: bei Linz. Während alliierte Bomberverbände pausenlos das ungeschützte Land von oben angriffen, stießen am Boden amerikanische Truppen von Norden und Westen ins Innviertel vor. Riesige Gefangenenlager entlang des Inn nahmen die herabgekommenen Reste der einst siegesgewissen Deutschen Wehrmacht auf.

Zehn Jahre lang wurde dann das Innviertel mit anderen Landschaften südlich der Donau und wie auch das angrenzende Bayern von amerikanischen Truppen besetzt gehalten, bis 1955 Österreich wieder in die volle Selbständigkeit entlassen wurde. Im Mühlviertel jenseits der Donau standen bis 1955 die sowjetischen Streitkräfte und warteten das Ende des „Kalten Krieges" ab. Das Innviertel lag also an der „Demarkationslinie". Vom Jochenstein bis Schlögen starrten die Limesreste hinüber auf den jenseits des Stromes gebildeten „Eisernen Vorhang"

Anfänglich mühsam, aber dann sehr rasch vollzog sich der Wiederaufbau, an dem die zahlreichen Heimatvertriebenen aus Mittel-, Ost- und Südosteuropa, die sich auch im Innviertel niederließen, nicht unbeteiligt waren. So manche Familie, die einst ihren Weg auf Floß oder Schiff salzach-, inn- oder donauabwärts einschlagen hatte müssen, mag nach Jahrhunderten und unbewußt wieder in ihre Voreltern heimat gefunden haben.

Hier hat sich die Republik Österreich gezwungenermaßen, aber manchmal sicherlich auch kurzsichtigerweise nur auf kleine Vorteile bedacht, nicht ihrer großen Verantwortung entsprechend verhalten und tausende „Altösterreicher" nach Westen weitergeschickt. Ein Wirtschaftswunder im benachbarten Bayern mit all seiner Anziehungskraft war die Folge.

Dafür blieb das Land zwischen Salzach, Inn und Hausruck mit seinen drei Kleinstregionen Braunau, Ried und Schärding fast unberührt erhalten, nahm einen geruhsamen und zufriedenen Aufschwung und konnte sich seine traditionellen Bezüge, zum einen nach Salzburg, zum anderen nach Passau, nach Linz und nach München bewahren. Alljährlich wallfahrteten die Innviertler Gemeindepolitiker aller Richtungen einträchtig zu den aufsehenerregenden Aschermittwoch-Kundgebungen des bayerischen Ministerpräsidenten Franz Josef Strauß in die Nibelungenhalle in Passau.

Das Innviertel blieb eine reiche und selten unberührte Kulturlandschaft im Herzen Europas, einer ruhigen Insel vergleich-
bar im Hexenkessel der ständigen Hektik mitteleuropäischer
Industrie- und Wachstumszonen.

Angesichts der deutschen Wiedervereinigung von 1990, des
Rückstromes Tausender Deutscher aus allen Teilen Osteuropas
und Asiens und den zu erwartenden weiteren Verschiebungen
im Gleichgewicht der europäischen Völkerschaften und
Staatsgebilde, ist die Position des Innviertels, unmittelbar vor
einem der derzeit prächtigsten deutschen Schaufenster – dem
Freistaat Bayern – gelegen, eine günstige und sichere. Alle
Entwicklungen, politisch, wirtschaftlich und sozial, die über
Europa hinweglaufen, erreichen den Inn zuletzt und abge-
schwächt, aber doch noch vor dem übrigen Österreich. Jede
Fehlentwicklung kann aus günstiger Position beobachtet und
analysiert werden, jeder Aufschwung kann rechtzeitig erkannt
und mitgemacht werden. In einem besonderen Maße an die
Europäische Gemeinschaft angeschlossen und doch nicht
wirklich darin aufgegangen, mit genügend Rückhalt zu – wenn
nötig – eigenständiger Position, kann das Innviertel als österreichische Teilregion in seiner Bescheidenheit doch ein gutes
Beispiel für einen lebenswerten, europäischen Regionalismus
an der Nahtstelle zweier Staaten bieten.

Burgen und Schlösser

Innviertel

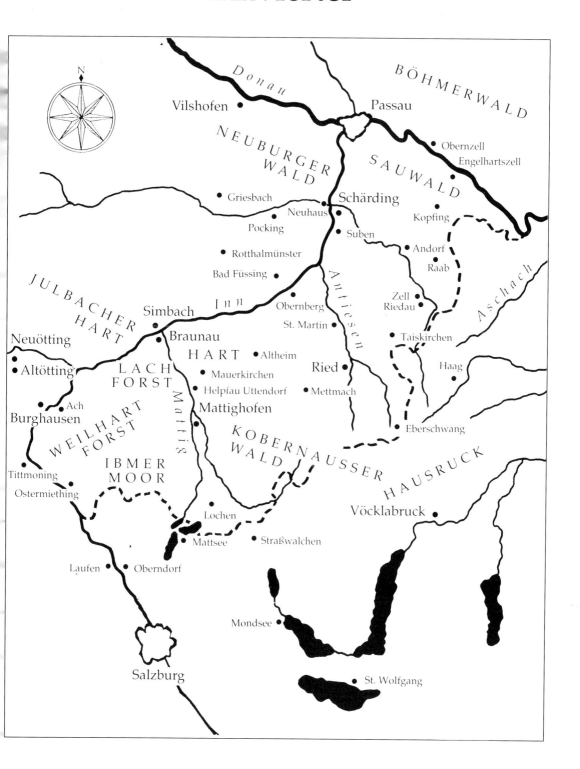

Frühe Klöster

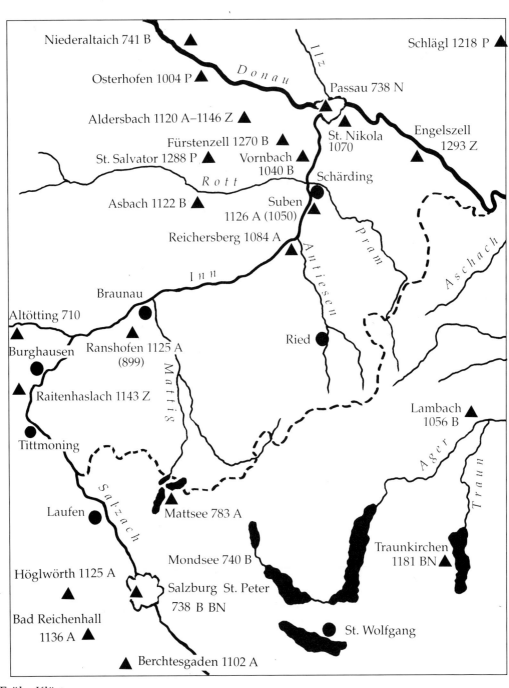

Niederaltaich 741 B

Osterhofen 1004 P

Donau

Ilz

Schlägl 1218 P

Passau 738 N

Aldersbach 1120 A–1146 Z

St. Nikola 1070

Engelszell 1293 Z

Fürstenzell 1270 B

St. Salvator 1288 P

Vornbach 1040 B

Schärding

Rott

Asbach 1122 B

Suben 1126 A (1050)

Pram

Aschach

Reichersberg 1084 A

Antiesen

Inn

Braunau

Altötting 710

Ranshofen 1125 A (899)

Ried

Burghausen

Raitenhaslach 1143 Z

Mattig

Lambach 1056 B

Tittmoning

Ager

Traun

Laufen

Salzach

Mattsee 783 A

Traunkirchen 1181 BN

Höglwörth 1125 A

Mondsee 740 B

Salzburg St. Peter 738 B BN

St. Wolfgang

Bad Reichenhall 1136 A

Berchtesgaden 1102 A

▲ Frühe Klöster

B Benediktiner
Z Zisterzienser
P Prämonstratenser
A Augustiner Chorherrn
N Nonnen

Bild Seite 225
Suben: Die einstige Stiftskirche besitzt einen der prächtigsten, weit und kuppelig überwölbten Innenräume Ostbayerns, der Bau von Simon Frey aus München, der Stuck von Johann Baptist Modler aus Kößlarn und Kanzel und Hochaltar von Josef Deutschmann aus Passau, alles von 1766–1770.

Bild Seite 226, oben
Reichersberg: Heiter wirkt die gesamte Anlage des Chorherrenstiftes am Inn. Hinter den Arkaden des Fürstentraktes verbirgt sich der hübsche Bayerische Saal. Der schöne Brunnen von 1697 wird vom erzenen Erzengel Michael von Thomas Schwanthaler aus Ried bekrönt.

Bild Seite 226, unten
Vornbach: Die doppeltürmige Stiftsanlage wurde von Benediktinern aus Göttweig in Niederösterreich begründet und beherbergte den bedeutenden Humanisten und Geschichtsschreiber Abt Angelus Rumpler nach 1500.

Bild Seite 227
Engelszell: Bartolomeo Altomonte schuf um 1760 das freudig gestimmte Deckengemälde „Himmelfahrt Mariens" in der Zisterzienser-Stiftskirche. Der Linzer Maler Fritz Fröhlich hatte nach 1950 die schwere Aufgabe zu lösen, etwas Gleichartiges anstelle von Verlorengegangenem danebenzustellen.

Bild Seite 228
Engelszell: Die Schweigen gebietende, hochaufragende Turmfassade von 1763 mit dem zierlichen Rokokoportal.

Bild Seite 229
St. Florian am Inn: Spätgotischer Kirchenraum im Osterschmuck für die Mutterpfarre von Schärding. Der Chor netzrippengewölbt in „Wechselburger Figuration", Hochaltar und Kanzel von 1760.

Bild Seite 230
Andorf: Sebastianskirche im Ried als Beispiel für die zahlreichen frühbarocken Filialkirchen aus der Zeit des Dreißigjährigen Krieges. Errichtet durch den Graubündener Meister Bartolomeo Viscardi, die Bildwerke St. Sebastian und Muttergottes von Thomas Schwanthaler.

Bild Seite 231
St. Peter am Hart: Pfarrkirche als Beispiel einer reichen Kirchenausstattung. Unter dem Stuck von Johann Michael Vierthaler von 1733 ein gotischer Taufstein sowie Hochaltar, Kanzel und Oratorien vom Ende des 17. Jahrhunderts.

Bild Seite 232
Wernstein: Spätgotischer Kirchenbau, 1966 erweitert und mit Glasfenstern der Innviertler Künstlerin Margret Bilger ausgestattet.